Michael Schwabe

Wandel als Herausforderung für Unternehmen

Strategische Ansätze zur Abwehr von Risiken und Nutzung von Chancen

**Schwabe, Michael: Wandel als Herausforderung für Unternehmen:
Strategische Ansätze zur Abwehr von Risiken und Nutzung von Chancen, Hamburg,
Igel Verlag RWS 2015**

Buch-ISBN: 978-3-95485-321-2
PDF-eBook-ISBN: 978-3-95485-821-7
Druck/Herstellung: Igel Verlag RWS, Hamburg, 2015

Bibliografische Information der Deutschen Nationalbibliothek:
Die Deutsche Nationalbibliothek verzeichnet diese Publikation in der Deutschen
Nationalbibliografie; detaillierte bibliografische Daten sind im Internet über
http://dnb.d-nb.de abrufbar.

© Igel Verlag RWS, Imprint der Diplomica Verlag GmbH
Hermannstal 119k, 22119 Hamburg
http://www.diplomica.de, Hamburg 2015
Printed in Germany

Inhaltsverzeichnis

Abbildungsverzeichnis

1 Einleitung

1.1 Problemstellung

Zu den wesentlichen Bestandteilen von Managementmodellen gehört die Planung zum Zwecke des zielgerichteten Einsatzes von Unternehmensressourcen. Die Planung orientiert sich dabei an den beobachteten Gegebenheiten der Umwelt. Ein erfolgreiches Management zeichnet sich durch folgerichtiges Ableiten von Maßnahmen aus den gegebenen Bedingungen und deren Entwicklung aus. Dabei können Änderungen von Entwicklungen oder nicht erkannte Entwicklungen zu einer Fehlplanung führen und somit zu einer Gefahr für das Unternehmen werden[1].

Ansoff/McDonnell sehen einen zunehmenden Wandel der Unternehmensumwelt. Sie formulieren:

> "Another distinctive characteristic of the twentieth century has been acceleration of both incidence and diffusion of change. Change became less predictable and surprise more frequent."[2].

Sie äußern eine Zunahme der Geschwindigkeit von Änderungen seit den 1960ern. Das Phänomen begründet sich durch eine Zunahme der Häufigkeit von Änderungen und der Erweiterung der Arten von Änderungen. Als Erklärung für das Phänomen wird eine Zunahme neuer Produkte und neuer Technologien auf dem Markt und eine Zunahmen sozio-politischer Verschiebungen herangezogen[3]. In einem unternehmerischen Zusammenhang ist darauf zu achten, wie sich die rascher ändernde Unternehmensumwelt auf das Management auswirkt. Aktuell ist die voranschreitende Digitalisierung der Gesellschaft ein Beispiel für einen Wandel, der zu einer Gefahr für Geschäftsmodelle und den Unternehmenserfolg werden kann. Das veränderte Nutzungsverhalten und neue konkurrierende Geschäftsmodelle haben Auswirkungen auf eine breite Anzahl an Industrien und Branchen, z. B. die Medienbranche oder der Einzelhandel. In diesen Branchen gefährdet ein verändertes Nutzungsverhalten und eine neue Wettbewerbssituation die auf analogen Technologien basierenden Geschäftsmodelle. Das Management ist also gefragt, in vorausschauender Weise zu agieren und Risiken abzuwehren oder auch Chancen zu nutzen.

---

[1] Vgl. Mintzberg (1994), S. 110.
[2] Ansoff/McDonnell (1990), S. 11.
[3] Vgl. ebd. (1990), S. 10.

Ansoff/McDonnell sehen die Entwicklung von Managementsystemen bis in die 1970er hinein als Folge von zunehmendem Wandel in der Unternehmensumwelt sowie absinkender Vorhersehbarkeit der Zukunft. Aufgrund dessen muss das Management mit unterschiedlichen Plänen arbeiten, die auf veränderten Betrachtungsweisen von Umweltentwicklungen basieren. Bei zunehmender Geschwindigkeit von Änderungen in der Unternehmensumwelt besteht hierbei die Gefahr, dass Anpassungen im Unternehmen nicht mehr zeitgerecht durchgeführt werden können[4]. Unternehmen sind gezwungen, Änderungen in der Unternehmenswelt, bezeichnet als Diskontinuitäten, in Managementsysteme zu integrieren.

1.2 Erkenntnisproblem

Unter den Umständen, dass Umweltentwicklungen sich weiter beschleunigen und die strategische Planung gefährdet scheint, sind Auswirkungen auf das strategische Management zu untersuchen. Wenn Trendänderungen in immer kürzeren Zyklen auftreten und immer schnellere Reaktionen des Managements fordern, ist es denkbar, dass die Bedeutung von kurzfristigen Maßnahmen steigt, da aus langfristigen Wettbewerbsvorteilen kurzfristige Gelegenheiten werden beziehungsweise Wettbewerbsvorteile eine zunehmend kürzere Lebensdauern besitzen[5]. Davon ausgehend lässt sich vermuten, dass die Bedeutung eines langfristig orientierten und auf Festlegungen bedachten strategischen Managements sinkt. Allerdings scheint beispielsweise der Ansatz eines alleinigen operativen Managements ebenfalls nicht den Anforderungen einer sich schneller wandelnden Unternehmens-umwelt gerecht zu werden, da dieses als "change-resistent", "efficiency seeking" und "highly structured" zu verstehen ist[6]. Wie ist die Bedeutung des strategischen Managements in einer sich ständig wandelnden Umwelt einzuschätzen? Diese Frage soll im Rahmen dieser Untersuchung geklärt werden.

1.3 Gang der Untersuchung

Zur Klärung der Frage soll zuerst untersucht werden, wie der Begriff der Diskontinuitäten verstanden wird und welche Bedeutung diese für das Unternehmen haben. Hierzu werden Forschungsansätze von Ansoff, Macharzina und Zahn aufgegriffen. Es wird weiterhin erläutert, welche Besonderheiten Diskontinuitäten bestimmen und welche Anforderungen

---

[4] Vgl. Ansoff/McDonnell (1990), S. 18.
[5] Vgl. Rühli (2005), S. 77.
[6] Vgl. Ansoff/McDonnell (1990), S. 246.

damit für das Management verbunden sind. Anschließend werden Elemente des strategischen Managements aufgegriffen und Erklärungsansätze von langfristigen Wettbewerbsvorteilen herangezogen.

Auf die theoretischen Grundlagen folgt eine Analyse von notwendigen Voraussetzungen, um ein Management von Diskontinuitäten zu entwickeln. Dieser Teil verbindet zunächst das von Ansoff entwickelte Konzept der schwachen Signale mit der strategischen Früherkennung, der strategischen Frühaufklärung und der strategischen Vorausschau. Einen weiteren Beitrag zum Management von Diskontinuitäten leistet die Zukunftsforschung. Ihre Methoden sind in unterschiedlichem Maße für ein strategisches Management wertvoll und werden dahingehend untersucht. Schließlich folgt eine Betrachtung der Möglichkeiten, Wissen und Lernen im organisationalen Kontext anzuwenden mit dem Ziel der Verbesserung der Anpassungs- und Innovationsfähigkeit. Die Fähigkeit zur Anpassung und innovativem Verhalten wirkt sich auf das Erreichen von Wettbewerbsvorteilen aus. In einem weiteren Kapitel werden die Zusammenhänge modellhaft dargestellt.

Daran anschließend werden Handlungsebenen des Managements analysiert und mit den vorher dargestellten Anpassungs- und Innovationsfähigkeiten in Verbindung gesetzt. In diesem Abschnitt wird deutlich, wie die Vorstellung von einem strategischen Management unter Diskontinuitäten realisierbar ist.

Schließlich werden ausgewählte strategische Konzepte dargestellt und vorher herausgearbeitete strategische Aspekte des Managements von Diskontinuitäten nachgewiesen. Abschließend werden die Managementkonzepte kritisch gewürdigt.

Am Ende der Untersuchung stellt das Fazit die zentralen Ergebnisse dar. Es werden weiterhin Implikationen für die Praxis gegeben. Notwendige weiterführende Forschungsarbeiten werden abschließend dargelegt.

2 Theoretische Grundlagen

2.1 Diskontinuitäten als Rahmenbedingung des Managements

2.1.1 Der Diskontinuitätenbegriff

Eine Definition des Begriffs der Diskontinuität ist von verschiedenen Autoren hergeleitet worden. Letztlich fehlt jedoch eine einheitliche Definition, da sowohl abrupte Änderungen interner als auch externer Unternehmensvariablen sowie Verhaltensänderungen des Managements von verschiedenen Autoren als Diskontinuität bezeichnet werden[7]. In der Untersuchung werden Diskontinuitäten jedoch ausschließlich als abrupte Veränderungen externer Unternehmensvariablen betrachtet.

Zur Entwicklung von Diskontinuitäten stellt Macharzina fest, dass bereits seit Ende der 1970er kontinuierliche Entwicklungsmuster abnehmen. Im Gegenzug nehmen die Fälle abrupter und systemhafter Entwicklungsänderungen zu. Hierzu führt er einen Diskontinuitätenkatalog mit fünf unternehmensrelevanten Bereichen auf, die von Diskontinuitäten betroffen sind. Unternehmensrelevante Bereich von Diskontinuitäten sind demnach Politik, Energieversorgung, Wirtschaft, Technologie und kognitive Orientierungen beziehungsweise Einstellungen in der Gesellschaft. In allen diesen Bereichen lässt sich zeigen, dass bestimmte Ereignisse oder ein allmählicher Wandel von Einstellungen und Orientierungen existieren, durch die Entwicklungstrends beendet werden und in weiterer Folge frühere Gesetzmäßigkeiten und Systemvariablen nicht mehr in der Zukunft wirken. Synonym zu Diskontinuitäten treten in der Literatur die Bezeichnungen Trendbrüche, Strukturbrüche, Turbulenzen oder revolutionäre Veränderungen auf[8]. Als Beispiel führt Macharzina die Ölkrise der 1970er an, die zu einem plötzlichen Preisanstieg von Öl auf dem Weltmarkt führte.

Weitere Synonyme für den Begriff Diskontinuitäten lassen sich bei Zahn finden. Als Umschreibungen werden Unstetigkeiten, Turbulenz, Instabilität, Katastrophe, Umschlag und Sprung verwendet. Die Umwelt unter Diskontinuitäten, die auch als turbulente Umwelt bezeichnet werden kann, ist durch das mehr oder weniger überraschende Auftreten von neuartigen Situationen gekennzeichnet[9]. Basierend auf Forschungen von Drucker hebt Zahn vier Bereiche der Unternehmensumwelt für potentielle Diskontinuitäten hervor. Diese sind

---

[7] Vgl. Schulenburg (2008), S. 116.
[8] Vgl. Macharzina (1984), S. 5.
[9] Vgl. Zahn (1984), S. 55.

neue Technologien, zunehmende Globalisierung, Institutionenpluralismus und wachsende Bedeutung des Wissens als Produktionsfaktor[10]. Als Beispiele für Ursachen von Diskontinuitäten führen Ansoff/McDonnell die Sättigung von traditionellen Märkten, technologische Entdeckungen und den Eintritt neuer Wettbewerber an[11].

Neue Technologien ermöglichen es dem Unternehmen, neue Geschäftsmodelle aufzubauen oder die Regeln eines bestehenden Marktes zu durchbrechen. Wessel/Christensen untersuchten dies anhand disruptiver Innovationen. Diese Innovationen ersetzen alte Produkte oder Technologien[12]. Der Markt ist also nicht mehr in fortführender Weise zu sehen, sondern er hat sich geändert. Die Änderungen beziehen sich unter anderem auf Verhaltensweisen der Anwender, auf Wettbewerber und auf Wettbewerbsvorteile[13]. Es wird auch deutlich, dass Diskontinuitäten sowohl als Ausgangsvariable für Aktivitäten des Managements zu sehen sind, als auch das Ergebnis von Managementaktivitäten sein können[14].

Auch der Prozess der Globalisierung wird als ein Diskontinuitätentreiber gesehen. Weltweit werden Rohstoffe eingekauft, die Produktion organisiert und Absatzmärkte bearbeitet. Ist ein Unternehmen auf verschiedenen internationalen Märkten aktiv, muss dieses sich den Gegebenheiten anpassen. Unternehmen in Transformationsländern wie Russland sowie international expandierende Unternehmen sind veränderten Rahmenbedingungen ausgesetzt. Mit der fortschreitenden Globalisierung sind auch frühere Vorteile, z. B. günstige Produktionskosten vor Ort, zurückgegangen auf Grund von größerer Macht der Entwicklungsländer wie China, das den Unternehmen zunehmend eigene Marktregeln diktieren kann, um mehr von der gestiegenen Macht zu profitieren. Diese Veränderung in der Globalisierung muss als Teilaspekt im Management von Unternehmen aufgenommen werden[15]. Jedoch betrachtet das strategische Management eher sektorale als länderbezogene Diskontinuitäten, das heißt, Technologien, Inputfaktoren, Nachfrage oder Wettbewerber[16].

Insgesamt wird deutlich, dass die als relevant zu bezeichnende Umwelt des Unternehmens weitgreifender, komplexer, wandelbarer und turbulenter geworden ist. Auswirkungen ökonomisch-technischer und sozio-politischer Bereiche spielen für die Unternehmensführung

---

[10] Vgl. ebd., S. 22 f.
[11] Vgl. Ansoff/McDonnell (1990), S. 46.
[12] Vgl. Poguntke (2014), S. 4.
[13] Vgl. Wessel/Christensen (2012), S. 58 ff.
[14] Vgl. Hutzschenreuter/Israel (2009), S. 443 f.
[15] Vgl. Bremmer (2014), S. 103 ff.
[16] Vgl. Elbenna/Child (2007), S. 569.

eine größere Rolle. Ein sich stetig beschleunigender technischer Fortschritt geht mit immer kürzeren Produktlebenszyklen und der Entwicklung von mehr Produktinnovation einher[17].

Schließlich kann gesagt werden, dass Diskontinuitäten also als Entwicklungen von Faktoren in der Unternehmensumwelt betrachtet werden, die wiederum Einfluss auf die Unternehmensaktivitäten haben. Für das Management eines Unternehmens ist es also wichtig, Kenntnisse und Informationen über die Diskontinuitäten zu sammeln und deren Einfluss auf die Aktivitäten des Unternehmens zu regulieren. Dazu muss es dem Management gelingen, die Aktivitäten des Unternehmens mit den Diskontinuitäten in einen strategischen Fit zu setzen[18]. Das Management ist also gefragt, die Bedeutung, Eigenschaften und Besonderheiten von Diskontinuitäten zu kennen und Möglichkeiten des Umgangs mit diesen zum Zwecke einer erfolgreichen Unternehmensführung zu erarbeiten und zu implementieren.

Der Begriff des Diskontinuitätenmanagements ist in der Literatur allerdings kaum zu finden, obwohl Konzepte zur Problematik bereits seit vielen Jahren existieren. Macharzina sieht hier Ansoffs Konzept des strategischen Managements als wesentlichen Ansatzpunkt[19]. Mit dem Konzept des Diskontinuitätenmanagements sollen Abhängigkeiten von nicht vorsehbaren Ereignissen begrenzt, schädliche Wirkungen auf das Unternehmen reduziert und Möglichkeiten zur Erweiterung des Erfolgspotenzials erfasst und genutzt werden. Als Kernanliegen des Diskontinuitätenmanagements sieht Macharzina demnach "die erfolgreiche Handhabung der (strategischen) Abhängigkeiten von nicht vorhersagbaren Umweltereignissen im Hinblick auf die Stärkung des Erfolgspotentials bzw. die Erhaltung der Unternehmensidentität"[20]. Ansätze, die allein genutzt nicht hinreichend sind und zu einer Einengung des Blickfelds führen, sind das Konzept der schwachen Signale, aktive Beeinflussung der Umwelt und der Risikostreuungsansatz. Das heißt, es sind weitere Ansätze hinzuzufügen und in ein strategisches Management zu integrieren. Die Ansätze beinhalten zum Beispiel die Erhöhung der Anpassungsfähigkeit durch Unternehmensstrukturen mit geringer Stabilität und niedrigem Ordnungsgrad.

---

[17] Vgl. Zahn 1984, S. 20 f.
[18] Vgl. Venkatraman/Prescott (1990), S. 1 ff.
[19] Vgl. Macharzina (1984), S. 9.
[20] Macharzina (1984), S. 9.

2.1.2 Bedeutung von Diskontinuitäten

> "[Diskontinuitäten sind] unter Managementgesichtspunkten negativ zu beur-
> teilen, da wegen des Fehlens historischer Parallelen vorhandene Erfah-
> rungswerte an Wert verlieren und zudem die Vorlaufzeit für den Entwurf
> unternehmenspolitischer Reaktionsmaßnahmen gegen Null tendiert."[21].

Mit dieser Aussage wird deutlich, dass Macharzina Diskontinuitäten Eigenschaften zuspricht, die für das Management zu Problemen führen. Die negativen Eigenschaften ergeben sich zum einen aus der verkürzten Dauer zwischen dem Entstehen beziehungsweise dem Erkennen der Diskontinuität und den Auswirkungen auf das Unternehmen. Nur in der Zwischenzeit ist es möglich, Gegenmaßnahmen zu erarbeiten und umzusetzen. Tendiert diese Zwischenzeit gegen 0 ist es umso schwieriger Gegenmaßnahmen zu ergreifen. Die Aufgabe des Diskontinuitätenmanagements ist es demnach, Trendbrüche frühzeitig zu erkennen, um den Zeitraum zwischen Erkennen und Auswirken der Diskontinuitäten so gering wie möglich zu halten. Zum anderen sieht Macharzina es als Problem an, dass die Reaktion des Unternehmens auf ein Ereignis erfolgen soll, zu dem bisher Erfahrungswerte fehlen. Somit sind folgende Entscheidungen unter Risikogesichtspunkten zu sehen[22]. Allerdings zeigen andere Autoren, dass Diskontinuitäten auch positive Entwicklungen für das Unternehmen bedeuten können und somit Chancen darstellen[23].

Weitere Probleme für das Management sieht Macharzina in der mangelnden Vorhersehbarkeit unternehmensrelevanter Umweltveränderungen mit zusätzlich gesteigerter Mehrdeutigkeit der Situation, welche zu einer erhöhten Auswahl strategischer Optionen führt und Gestaltungen von Routinen erschwert. Auch wenn also Maßnahmen der Vorausschau ergriffen werden, sind die resultierenden Erkenntnisse nur mit einer Wahrscheinlichkeit zutreffend, die nicht zwingend errechenbar sein muss. Die Ableitung einer Optionsauswahl aus Voraussagen mit unvollständigen Informationen ist dementsprechend schwierig und unsicher[24]. Hinzu kommt, dass einer zunehmenden Dynamik von Umweltentwicklungen eine eingeschränkte Wahrnehmungsfähigkeit gegenübersteht. Die Wahrnehmungsfähigkeit wird bestimmt durch die kognitive Informationsverarbeitung, beschränkte Verarbeitungskapazitäten in begrenzter Geschwindigkeit, Bindung der Perzeption an bereits vorhandene Gedankenstrukturen und dem Streben nach Dissonanzreduktion. Einhergehend sinkt die subjektive Sicherheit in der

---

[21] ebd. (1984), S. 5 f.
[22] Vgl. Macharzina (1984), S. 5 ff.
[23] Vgl. Schulenburg (2008), S. 112.
[24] Vgl. Lewis (2014), S. 72.

Einschätzung von Problemsituationen, welche auch die Erfolgswahrscheinlichkeit der Reaktionsstrategien reduziert[25].

Für das strategische Management bringen eine erhöhte Informationsdichte in einer dynamischen Umwelt die Gefahr mit sich, zielrelevante Informationen aus den Augen zu verlieren durch den Einfluss ablenkender Stimuli, die zusätzliche kognitive Fähigkeiten des Managements erfordern[26]. Zusätzlich ist es schwierig bei erhöhter Auslastung kognitiver Vorgänge, Einschätzungen unter unvollständigen Informationen zu treffen[27]. Weiterhin können die Einschätzungen zu inkonsistentem Verhalten führen, welches von dem Manager selbst nicht einmal bemerkt werden muss[28]. All diese Faktoren führen zur Gefahr einer Fehlplanung und einer Fehlanpassung zwischen Umweltvariablen, Unternehmensstrukturvariablen und Strategievariablen. Schließlich kann die Diskontinuität existenzbedrohend für das betroffene Unternehmen werden[29].

Ansoff/McDonnell beschreiben ein typisches Problem im Umgang mit Diskontinuitäten wie folgt: Wenn die Diskontinuität anfängt, sich auf ein Unternehmen auszuwirken, bleibt dies typischerweise hinter den üblichen Leistungsschwankungen verborgen. Wenn die Bedrohung beziehungsweise Chance also nicht vorausgesehen wurde, treten die üblichen Maßnahmen in Kraft wie Kostenreduktion, Effizienzsteigerung, Verbesserung oder Sales-Verstärkung. Damit sollen die Einflüsse korrigiert werden. Wenn die bisherigen erfolgreich eingesetzten Maßnahmen aber wiederholt fehlschlagen, wird es deutlicher, dass sich das Unternehmen mit einer neuen Diskontinuität konfrontiert sieht[30]. Es wird deutlich, dass Ansoff/McDonnell Diskontinuitäten auch positive Eigenschaften zuschreiben. Die Möglichkeit eine Umweltveränderung als Chance zu sehen, wird durch den Umgang mit dieser bestimmt[31].

Weiterhin ist der Handlungszeitrahmen unterschiedlich, da Diskontinuitäten schnell Einfluss haben können und keine langen Überlegungen möglich sind. Auch hierauf sollte das Management vorbereitet sein. In großen Unternehmen kommt es meist zu Verzögerungen der Antwort auf Diskontinuitäten mit Beginn der Realisierung, dass sie vorhanden ist. Zum einen sind dies systematische Verzögerungen durch die notwendige Dauer in der Nachrichtenübermittlung oder durch die in Anspruch genommene Zeit für die Entscheidungsfindung. Weiter-

---

[25] Vgl. Macharzina (1984), S. 6.
[26] Vgl. Lavie (2005), S. 75 und Mitchell et al. (2011), S. 688.
[27] Vgl. Gilbert et al. (1988), S. 738
[28] Vgl. Bargh/Thein (1985), S. 1143 f.
[29] Vgl. Schulenburg (2008), S. 111 f.
[30] Vgl. Ansoff/McDonnell (1990), S. 359.
[31] Vgl. ebd., S. 358 f.

hin gibt es Verzögerungen in der Verifizierung durch Manager, die entweder bezweifeln, dass der Wandel permanent ist oder die behaupten, der Wandel kehrt sich wieder um. Drittens kommt es zu einer politisch motivierten Verzögerung durch Manager, deren Macht oder Ansehen geschwächt werden würde. Und viertens gibt es die Verzögerung durch Zurückweisung von Unbekanntem, wonach auf vorhandene Erkenntnisse vertraut wird und unbekannte Erfahrungen zurückgewiesen werden. Auch in kleinen Unternehmen ohne Vorausschau gibt es das Problem, dass zu spät reagiert wird, da die Erkenntnis einer Diskontinuität erst eintritt, nachdem diese sich bereits auf die Umsätze auswirkt[32].

2.2 Elemente des strategischen Managements

2.2.1 Strategiefindung und Strategieplanung

Nach Ansoff/McDonnell kann Strategie grundsätzlich als eine Reihe von Regeln zur Entscheidungsfindung im Rahmen der Führung einer Organisation angesehen werden[33]. Die Regeln können dabei in 4 verschiedene Typen eingeteilt werden. Zuerst sind Ziele festzulegen, die unterschieden werden können in eine qualitative Ebene und eine quantitative Ebene. Weiterhin soll mit Hilfe der Regeln die Beziehung des Unternehmens mit seiner Umwelt entwickelt werden. Diese Regeln beziehen sich auf die Geschäftsstrategie und ermöglichen Schlussfolgerungen bezüglich zu entwickelnder Produkte und Technologien, wo und an wen die Produkte verkauft werden und wie das Unternehmen Wettbewerbsvorteile entwickeln will. Eine weitere Art von Regeln, das sogenannte organisationale Konzept, legt fest, wie interne Beziehungen und Prozesse gestaltet werden. Schließlich gibt es noch den Typ Regeln, nach dem die Firma seine Tagesaktivitäten ausrichtet, welche Operating Policies genannt werden.

Nach Chandler ist Strategie gleichermaßen die Festlegung von langfristigen Zielen sowie die Einführung von Tätigkeitsabläufen und die Verteilung von Ressourcen, um die strategischen Ziele zu erreichen. Als Struktur bezeichnet Chandler die Organisationsgestaltung, um das Unternehmen zu leiten. Änderungen in Strategien und den daraus folgenden Strukturen können eintreten, wenn Änderungen in der Unternehmensumwelt neue Möglichkeiten oder die Notwendigkeit zum Wandel erzeugen[34]. Daraus folgt, dass die Abläufe und die Verteilung der Ressourcen, den strategischen Zielen untergeordnet werden. Die langfristigen Ziele

---

[32] Vgl. ebd., S. 359 f.
[33] Vgl. Ansoff/McDonnell (1990), S. 43.
[34] Vgl. Hoskisson et al. (1999), S. 422.

binden also Ressourcen und beschränken die Handlungsoptionen. Für eine erfolgreiche Leitung sollte die Struktur ebenso den Zielen sowie deren Ableitungen entsprechen.

Das Verständnis des klassischen strategischen Managements ist weniger gut auf Diskontinuitäten vorbereitet. Danach muss das Unternehmen, die bisherigen Stärken analysieren und nutzen, um damit in neue Geschäftsfelder einzusteigen. Es hat sich aber gezeigt, dass ein Beharren auf alten Stärken eine Begrenzung sein kann für die strategischen Handlungen oder schlimmer noch, Stärken können sich in Schwächen verwandeln wie von Ansoff/McDonnell am Beispiel von Henry Ford gezeigt wird, der in der Massenproduktion von Autos in der gleichen Farbe erfolgreich war, mit dem Wandel der Anforderung des Marktes hin zu einer breiteren Palette an Farben keine passende Strategie hatte[35].

Weiterhin gehören zum strategischen Management in einem Unternehmen verschiedene Prozesse. Unter anderem können hier Strategiefindung, Planung, Implementierung und Kontrolle genannt werden[36]. Strategische Planung kann betrachtet werden als „zukunftsorientierte Weiterentwicklung des Gesamtunternehmens unter Berücksichtigung der planungsrelevanten Umweltfaktoren.“[37] Sie beinhaltet einen entscheidungsorientierten Prozess mit dem Ziel der Formulierung von Absichten, Strategien und Zielen. Absichten, Strategien, Ziele und Maßnahmen erklären, wie das Unternehmen Chancen wahrnehmen und Bedrohungen abwehren soll[38]. Planung kann als systematischer, formalisierter Ansatz zur Strategieformulierung bezeichnet werden[39]. Die strategische Planung muss einen Fluss neuer Ideen sichern, um dem Unternehmen zu ermöglichen, neue Quellen zur Entwicklung von Wettbewerbsvorteilen zu sichern. Der Wettbewerbsvorteil ist wiederum dadurch zu erreichen, dass die Planung inhaltlich sowohl Märkte und Produkte als auch Personal, Organisation, physische und finanzielle Ressourcen umfasst[40].

Der Planung kommt unter Diskontinuitäten gesteigerte Bedeutung zu, da ein langfristiges Planen unter der Prämisse einer sich schnell wandelnden Umwelt, widersprüchlich erscheint. Weiterhin weisen Mintzberg et al. darauf hin, dass Strategien anpassungsfähig sein müssen, da das Management nicht alle Bereiche der Unternehmensführung, beispielsweise Umwelteinflüsse, Wettbewerberverhalten oder technologische Einflüsse, mit einer Strategie erfassen kann. Mit dieser Anmerkung geben Mintzberg et al. zu bedenken, dass es zu einer Gefahr

---

[35] Vgl. Ansoff/McDonnell (1990), S. 16 f.
[36] Vgl. ebd., S. 47.
[37] Meyer-Schönherr (1992), S. 6.
[38] Vgl. ebd., S. 6.
[39] Vgl. Grant (2003), S. 491.
[40] Vgl. Simon (1993), S. 131.

werden kann, wenn eine zu weit ausformulierte Strategie zu Inflexibilität führt[41]. Zusätzlich berücksichtigt das Modell der emergenten Strategien den Aspekt, dass Manager dazu neigen, sich in der Fähigkeit zu überschätzen, zukünftige Entwicklungen vorherzusehen und diese präzise in die Planung einbeziehen zu können[42]. Dennoch erkennen Mintzberg et al. die Bedeutung der Planung unter Diskontinuitäten an. Sie sollte neben der Förderung von kreativem Denken und dem Führen von schwierigen Überlegungen auch nach emergenten Strategien suchen und weniger bürokratisch und hierarchisch gestaltet werden[43]. Auch Hamel fordert, dass die Strategie im Kontext einer volatilen Umwelt als ein emergenter Prozess gesehen werden sollte[44]. Martin merkt an, dass in der Praxis oft die Gefahr besteht, dass im Zusammenhang mit der Einbeziehung emergenter Strategien diese oft als Ausrede dafür herhalten müssen, dass ein ängstliches und zögerliches Management in einer volatilen Umwelt vor strategischen Entscheidungen und Festlegungen zurückschreckt[45]. Dadurch gehen Wettbewerbsvorteile verloren. Obwohl Planung unter Diskontinuitäten zu einer Falle werden kann, werden durch eine planlose, entscheidungsarme, risiko-averse und auf Zufällen basierende Strategieführung Wettbewerbsvorteile und Investitionen vernichtet[46] sowie Strukturlosigkeit und Ineffektivität begünstigt[47].

Die Vorteile des strategischen Managements eines Unternehmens liegen darin, dass das finanzielle Unternehmensergebnis verbessert werden kann[48]. Jedoch ist das Verfolgen einer expliziten Strategie nicht zwingend notwendig, um positive Unternehmensergebnisse zu erzielen. Unter bestimmten Voraussetzungen, kann das Unternehmen auch ohne eine explizite Strategie erfolgreich sein. Es ist in der Literatur jedoch nicht eindeutig geklärt, ob es Unternehmen geben kann, die nicht strategisch handeln. Möglicherweise existieren immer wenigstens eine stille Übereinkunft und eine implizite strategische Ausrichtung. Hierbei ist es fraglich, wie sich die implizite Strategie unter Diskontinuitäten verändert.

Die Nachteile des strategischen Managements sind darin zu sehen, dass damit ein hohes Maß an finanziellen und personellen Ressourcen gebunden ist[49]. Als Kosten für strategische Investitionen sind Investitionen in Gebäude und Ausstattung, Investitionen in Personal und

---

[41] Vgl. Mintzberg et al. (2009), S. 38.
[42] Vgl. Martin (2014), S. 82.
[43] Vgl. Mintzberg et al. (2009), S. 83 f.
[44] Vgl. Hamel (2009), S. 94.
[45] Vgl. Martin (2014), S. 82.
[46] Vgl. Tiberius/Rasche (2011), S. 309.
[47] Vgl. Rasche (2002), S. 352 f.
[48] Vgl. Ansoff/McDonnell (1990), S. 45 f.
[49] Vgl. ebd., S. 44.

Kompetenzen und Investitionen in weitere strategische Aktivitäten wie Planung, Marktforschung, Produktentwicklung und Produkteinführung zu sehen[50].

2.2.2 Erklärung für Unternehmenserfolg und Wettbewerbsvorteile

Grundsätzlich lassen sich im strategischen Management verschiedene Views unterscheiden, die den Erfolg eines Unternehmens erklären. Um das erfolgreiche strategische Verhalten von Unternehmen unter der Bedingung von Diskontinuitäten erklären zu können, soll der Blick auf den Ressource Based View, den Market Based View, die Dynamic Capabilities und deren jeweiligen Ableitungen im Rahmen dieser Studie genügen. Ziel ist es, mögliche Gestaltungen der Handlungsebenen des Managements von Diskontinuitäten abzuleiten.

Der Ressource Based View blickt auf die im Unternehmen vorhandenen materiellen und immateriellen Werte und untersucht das Verhältnis zwischen internen Stärken und Schwächen und externen Chancen und Bedrohungen[51]. Es werden unter anderem interne Prozesse wie Entscheidungsfindung, Informationsverarbeitung, Prozesse in Bezug auf Macht und Koalitionen und Prozesse unter hierarchischen Strukturen betrachtet[52]. Wenn diese Prozesse schließlich mit den äußeren Anforderungen übereinstimmen, kann das Unternehmen Wettbewerbsvorteile realisieren. Prahalad/Hamel fügen dem Ressource Based View das Konzept der Kernkompetenzen hinzu, wonach der Erfolg eines Unternehmens auf einzigartigen Kompetenzen beruht[53]. Oft erscheinen diese Betrachtungen aber als zu statisch für Erklärungen von Unternehmenserfolg unter Diskontinuitäten. Eine erweiterte Betrachtung des Ressource Based View stellt der Knowledge Based View dar. Mit dem Knowledge Based View lässt sich erklären, wie das Wissen in einem Unternehmen zu Erfolg führen kann[54].

Der Market Based View erklärt den Erfolg eines Unternehmens aus dem Verhalten, das sich aus externen Variablen ableitet. Dies bezieht sich auf die Struktur des Marktes, auf dem das Unternehmen Wettbewerbsvorteile erreichen will. Die Theorien des Market Based View leiten sich aus dem Structure-Conduct-Performance-Paradigma ab[55]. Als eine wichtige Theorie dieses Views gilt die Theorie der Five Forces von Porter, welche die Profitabilität eines Unternehmens anhand von fünf Wettbewerbsdimensionen erklärt[56].

---

[50] Vgl. Ansoff/McDonnell (1990), S. 74.
[51] Vgl. Hoskisson et al. (1999), S. 418.
[52] Vgl. ebd., S. 421.
[53] Vgl. Prahalad/Hamel (1990), S. 83 ff.
[54] Vgl. Hoskisson et al. (1999), S. 437 ff.
[55] Vgl. Hoskisson et al. (1999), S. 425.
[56] Vgl. Porter (2008), S. 79 f.

Die Forschung im strategischen Management entwickelt sich zunehmend dahin, dass die Veränderungen von Umweltvariablen in die Erklärung von Unternehmenserfolg einbezogen werden, da dieser sich in einer Umwelt mit hohen Diskontinuitäten mit den vorherigen statischen Views nicht mehr erklären lässt[57]. Als ein geeigneter Ansatz gilt der Ansatz der Dynamic Capabilities nach Teece et al. und wird von ihnen definiert als „The firm's ability to integrate, build, and reconfigure internal and external competences to address rapidly changing environments"[58]. Es sollen spezifische strategische Ressourcen und Kompetenzen identifiziert und Handlungen zur Entwicklung, Nutzung und Verteidigung aus der Kombination von Kompetenzen und Ressourcen abgeleitet werden, um besser auf Veränderungen der Umwelt reagieren zu können und damit Wettbewerbsvorteile zu erreichen. Der Ansatz beschäftigt sich mit den Bereichen Innovationsmanagement, Produkt- und Prozessentwicklung, Technologietransfer, geistiges Eigentum, Personalführung und organisationales Lernen[59]. Zusätzlich können strategische Entscheidungsfindung und Allianzschließungen genannt werden[60].

Die Bezeichnung des Ansatzes setzt sich zusammen aus dem Begriff Dynamic, der sich auf die Fähigkeit bezieht, Kompetenzen zu erneuern und einer sich verändernden Unternehmensumwelt anzupassen, sowie den Capabilities als Bezeichnung für den strategisch angemessenen Umgang mit organisationalen Befähigungen, Ressourcen und funktionalen Kompetenzen im Kontext einer sich ständig wandelnden Umwelt[61]. Konzepte wie Routinen, Kompetenzen, Capabilities und Lernen sind in der Literatur mittlerweile gleichbedeutend hoch anzusehen wie ältere Konzepte[62]. Zudem hat sich in der Weiterentwicklung des Konzeptes gezeigt, dass sich Capabilities in verschiedene hierarchische Stufen unterteilen lassen. Nach Schilke sind Zero-Order Capabilities als Routinen zu verstehen, die ein Unternehmen dazu befähigen, seine Ressourcen so einzusetzen, dass in der Gegenwart ein Ertrag erzielt werden kann. Als Beispiele werden Marketing und Produktion genannt. Als First-Order Dynamic Capabilities sind solche Capabilities zu verstehen, die das Unternehmen befähigen, Zero-Order Dynamic Capabilities beziehungsweise Unternehmensressourcen zu ändern. Darunter können Innovations- und Anpassungsfähigkeit verstanden werden. Second-Order Capabilities, z. B. Lernfä-

---

[57] Vgl. Hoskisson et al. (1999), S. 446.
[58] Teece et al. (1997), S. 516.
[59] Vgl. ebd., S. 510.
[60] Vgl. Eisenhardt/Martin (2000), S. 1105.
[61] Vgl. ebd., S. 515.
[62] Vgl. Augier/Teece (2009), S. 418.

higkeiten, entwickeln wiederum First-Order Dynamic Capabilities[63]. Der Versuch eine weitere Unterteilung in noch höhere Stufen der Capabilities vorzunehmen, ist zunächst nicht sinnvoll. Zum Teil hängt die Relevanz höherer Stufen der Capabilities vom Kontext der Umwelt ab und ob höhere Stufen einen signifikant höheren Erklärungsgehalt für Wettbewerbsvorteile darstellen[64]. Außerdem zeigt Schilke, dass Second-Order Dynamic Capabilities nicht nur einen mediierenden Einfluss haben, sondern auch als Ersatz für First-Order Dynamic Capabilities fungieren können[65].

---

[63] Vgl. Schilke (2014), S. 369.
[64] Vgl. ebd., S. 376.
[65] Vgl. ebd., S. 375.

3 Voraussetzungen zum Management von Diskontinuitäten

3.1 Gewinnung und Nutzung umweltbezogener Informationen

3.1.1 Abgrenzung von strategischer Vorausschau und Zukunftsforschung

Unternehmen lassen sich aus systemtheoretischer Sicht als offene und dynamische Systeme bezeichnen. Sie beeinflussen die Umwelt und werden gleichzeitig von der Umwelt beeinflusst, was zu einem komplexen, wandelbaren Interaktionsgefüge führt[66]. Die Wahrnehmung der Umwelt kann mittels strategischer Vorausschau stattfinden.

Strategische Vorausschau kann nach Slaughter wie folgt definiert werden:

> „Strategic Foresight is the ability to create and maintain a high-quality, coherent, and functional forward view and to use the insights arising in organizationally useful ways, for example, to detect adverse conditions, guide policy, and shape strategy and to explore new markets, products, and services. It represents a fusion of futures methods with those of strategic management."[67]

Diese Definition der strategischen Vorausschau zeigt, dass sie in einem umfassenden organisationalen Kontext steht. Es handelt sich dabei um einen qualitativ anspruchsvollen, folgerichtigen und funktionalen Vorausblick. Ihre Erkenntnisse werden in organisationalen Verbindungen genutzt, z. B. zur Entdeckung negativer Umweltfaktoren, zur Formulierung von Strategien und Richtlinien und zur Entdeckung neuer Märkte, Produkte und Dienste. Methoden der Zukunftsforschung werden mit denen des strategischen Managements verbunden. Im Zuge der strategischen Planung werden besonders Informationen benötigt über Veränderungen der Umwelt bezüglich Kunden sowie Wissenschaft und Technologien, da dies Quellen von Diskontinuitäten sein können[68].

Die Zukunftsforschung leistet einen wichtigen Beitrag im Umgang mit Diskontinuitäten. Sie soll ermöglichen, dass das strategische Management in der Lage ist zu planen. Ihr kommt somit in der strategischen Planung eine verstärkte Bedeutung zu[69]. Neben der Erkenntnis über mögliche und schließlich wahrscheinliche Zukünfte und deren Bewertung steht auch die Beeinflussung einer Zukunft im Mittelpunkt der Forschung. Mittels der Bewertung werden aus den wahrscheinlichen Zukünften, die eine Teilmenge der möglichen Zukünfte darstellen,

---

[66] Vgl. Zahn (1984), S. 20.
[67] Slaughter (1998), S. 382.
[68] Vgl. Simon (1993), S. 140.
[69] Vgl. Meyer-Schönherr (1992), S. 9.

die präferierten festgestellt. Mit der Planung ist ein methodisches Vorgehen vorhanden, Zukunft durch handeln zu beeinflussen. Dabei muss allerdings mit Zufällen und Alternativen kalkuliert werden[70].

Methoden der Zukunftsforschung können unterteilt werden in quantitative und qualitative Methoden sowie in explorative und normative Methoden. Quantitative Methoden verwenden eher mathematische Ansätze wohingegen qualitative Methoden Diskurs, Logik und Intuition einsetzen. Dass unter wissenschaftlichen Ansätzen gerade die qualitativen Methoden eine hohe Bedeutung haben, ergibt sich aus der einfachen Tatsache, dass naturgemäß keine Methode in der Lage ist, „die Zukunft exakt und unzweifelhaft vorherzusagen"[71]. Die explorativen und normativen Methoden beziehen sich auf die Absicht des Forschers, der in explorativen Methoden nach ersten Erkenntnissen zu einem Sachverhalt forscht und mit normativen Methoden Soll-Vorstellungen bewertet. Tiberius weist daraufhin, dass es weitere Unterscheidungsmöglichkeiten gibt, die in der Literatur jedoch kaum untersucht werden[72].

Falsche Annahmen bei der Anwendung von Methoden der Zukunftsforschung liefern bedenkliche Ergebnisse und können zu der irrigen Vorstellung führen, dass die Zukunft voraussehbar sei[73]. Die Kritik an der Annahme, dass die Zukunft voraussehbar sei, hat auch in die strategische Planung Eingang gefunden. Einer ihrer Vertreter ist Mintzberg, der den technokratischen Glauben an eine vollständige Vorhersehbarkeit von zukünftigen Ereignissen und daraus resultierendes Festhalten an einer fehlerhaften Planung kritisiert[74].

Weiterhin sind erklärende Erkenntnisziele deutlich schwächer vertreten als beschreibende Erkenntnisziele. Beide Ansätze der Zukunftsforschung sind jedoch interessant, um herausfinden zu können, wie Zükünfte aussehen könnten. Dies kann als Planungsgrundlage herangezogen werden. Weiterhin ist die Zukunftsgestaltung ein wichtiger Bereich, um herauszufinden, wie und von wem die Zukunft gestaltet wird[75]. Schneller zu lernen und zu verstehen, wie sich die Unternehmensumwelt entwickelt, wird ein Wettbewerbsvorteil mit wachsender Bedeutung[76].

---

[70] Vgl. Tiberius (2011), S. 54 ff.
[71] Tiberius (2011), S. 60.
[72] Vgl. ebd., S. 62 ff.
[73] Vgl. ebd., S. 80.
[74] Vgl. Mintzberg (1994), S. 15.
[75] Vgl. Tiberius (2011), S. 80 f.
[76] Vgl. Krystek/Müller-Stewens (2006), S. 175.

3.1.2 Das Konzept der schwachen Signale nach Ansoff

Die strategische Vorausschau setzt an dem Konzept der schwachen Signale von Ansoff an. Demnach sind schwache Signale unpräzise frühe Hinweise auf bevorstehende, einflussreiche Ereignisse[77]. Als Phänomene äußern sie sich beispielsweise in der Verbreitung neuer Ideen und Meinungen in Medien, Meinungen und Stellungnahmen von Schlüsselpersonen oder Parteien und Organisationen, neuen Tendenzen in der Rechtsprechung und der plötzlichen Häufung gleichartiger Ereignisse. Wenn sich diese unscharf strukturierten Botschaften im Zeitablauf verstärken, dann deuten sie auf Diskontinuitäten hin. Werden die schwachen Signale frühzeitig empfangen und richtig gedeutet, bietet sich für das Management die Möglichkeit, frühzeitig strategische Handlungsmöglichkeiten vorzubereiten[78].

Im Zeitablauf nimmt das Wissen um die Deutung der Signale zwar zu, für das Unternehmen bedeutet dies jedoch auch eine Einengung des strategisch relevanten Handlungsspielraums[79]. Mit der Zeit entwickeln sich die schwachen Signale schließlich zu starken Signalen. Kennzeichen starker Signale sind wiederum ausreichend erkennbar und konkret, so dass Auswirkungen für das Unternehmen ermittelt und Reaktionspläne entwickelt werden können. Ansoff geht davon aus, dass in turbulenten Umwelten, in denen die Geschwindigkeit von Änderungen hoch ist, ein Reaktionsprozess des Unternehmens bereits erfolgen muss, solange die Signale noch schwach sind, da Reaktionen eine gewisse Zeit für ihre Entwicklung und Umsetzung benötigen. Es besteht die Gefahr, dass bei starken Signalen bereits nicht mehr genug Zeit für eine Reaktion bleibt und die Auswirkungen das Unternehmen bereits erfassen. Daraus leiten sich unterschiedliche Maßnahmen ab, die in Strong Signal Management und in Weak Signal Management eingeteilt werden können[80].

Die in Abbildung 1 dargestellten Reaktionsstrategien leiten sich aus den fünf Stadien der Ignoranz ab. Als Stadien der Ignoranz werden die Stadien bezeichnet, die schwache bis starke Signale umfassen. Sie beginnen bei dem Gefühl der Chance oder der Bedrohung und enden bei bekannten Ergebnissen. Die Reaktionsstrategien umfassen in mehreren Stufen Beobachtung, Flexibilität, Bereitschaft und direkte Aktionen[81].

---

[77] Vgl. Ansoff/McDonnell (1990), S. 20 f.
[78] Vgl. Seidl/Werle (2011), S. 295.
[79] Krystek (2007), S. 53.
[80] Vgl. Ansoff/McDonnell (1990), S. 20 f.
[81] Vgl. Seidl/Werle (2011), S. 294.

Reaktionsstrategie / Stadien der Ignoranz	Beobachtung der Umwelt	Selbstbeobachtung	Innere Flexibilität	Externe Flexibilität	Interne Bereitschaft	Direkte Aktion
(1) Gefühl der Chance/Bedrohung						
(2) Quelle der Chance/Bedrohung						
(3) Chance/Bedrohung konkret						
(4) Direkte Aktionsweisen bekannt						
(5) Ergebnisse bekannt						

Abbildung 1: Reaktionsstrategien bei Diskontinuitäten
Quelle: Seidl, D/Werle, F. (2011), S. 294, in Anlehnung an Ansoff (1976), S. 135.

Abgrenzend zu schwachen und starken Signalen entwickelte Ansoff das Strategic Surprise-Konzept. Dieses Konzept wird bei überraschend auftretenden Ereignissen angewandt und kann vom Diskontinuitätenmanagement abgegrenzt werden. Nach Ansoff können zur Einordnung von Überraschungen vier Faktoren ausgemacht werden: (1) ein plötzliches und unerwartetes Problem, (2) ein neues Problem mit wenig Erfahrungswerten, (3) ein falsches Reagieren verursacht große finanzielle Problem oder den Verlust einer wichtigen Opportunität und (4) es muss eine unverzügliche Reaktion erfolgen, vorbei an normalen Prozeduren und Vorgehensweisen. Es handelt sich also um Ereignisse zu denen es keine bisherigen Trends gibt und die nicht als ein Trendbruch, sondern eher als Zäsuren angesehen werden können[82].

3.1.3 Systeme der strategischen Vorausschau

Es lassen sich verschiedene Stufen von Systemen zur Erkennung von schwachen Signalen unterscheiden. Dazu gehören die Frühwarnung, die Früherkennung und die Frühaufklärung. Frühwarnsysteme waren zunächst auf die Erkennung latenter Bedrohungen und Risiken beschränkt. Mit der Früherkennung sollten zusätzlich Chancen und Gelegenheiten betrachtet werden. In einem weiteren Schritt soll durch die Frühaufklärung schließlich möglichst frühzeitig die informationelle Sicherung der Einleitung von Planung, Steuerung und Kontrolle

---

[82] Vgl. Ansoff/McDonnell (1990), S. 21 f.

von Strategien und Maßnahmen ermöglicht werden[83]. Weiterhin sind Früherkennungssysteme unterscheidbar in operative und strategische Ausrichtungen. Die strategische Früherkennung wird charakterisiert als eher holistisch, überzeugend, kreativ, qualitativ und in informellen Arenen ablaufend. Sie ist weiterhin ein bewährtes Instrument im Umgang mit Diskontinuitäten. Operative und strategische Früherkennung werden zunehmend integrativ zur strategisch orientierten Unternehmensführung verwendet[84].

Neben den schwachen und starken Signalen ist auch das Wissen über mögliche Ausbreitungswege neuer Ideen von zentraler Bedeutung für eine strategische Früherkennung[85]. Eine Erklärung bietet die Diffusionstheorie. Sie zeigt, dass ein Träger einer neuen Ideen oder einer Erkenntnis mittels einer Ansteckungswirkung seine Gedanken an eine andere immer größer werdende Personengruppe übertragen kann. Aus der Verbreitung lassen sich Diffusionsfunktionen entwickeln und mittels Trendlinien veranschaulichen. Als Ausgangspunkt für die Entwicklung von Trendlinien gelten Theorien des sozialen und politischen Wandels. Ein Trend kann nach Liebl als eine entwickelnde sozio-kulturelle Praxis bezeichnet werden[86].

Die praktische Umsetzung der Suche nach schwachen Signalen erfolgt mittels eines 360-Grad-Radars. Es handelt sich hierbei um einen ungerichteten Suchvorgang, ein sogenanntes Scanning. Andersherum handelt es sich bei der operativen Früherkennung um eine gerichtete Suche. Ergeben sich aus dem Prozess des Scanning Hinweise auf ein für das Unternehmen relevantes Phänomen, geht es in einem zweiten Schritt darum, die Beobachtung zu vertiefen. Daraus ergibt sich das Monitoring, das eine langfristige Beobachtung, des zuvor durch das Scanning entdeckten Phänomens darstellt. In diesem Schritt werden konkrete Informationen sowie verdichtete Hinweise zu Diskontinuitäten gesucht [87]. Eine wichtige Rolle in der Verbreitung von Ideen spielen Medien, die analysiert und beeinflusst werden können[88]. In Abbildung 2 werden die in diesem Abschnitt beschriebenen Systeme im Zusammenhang dargestellt.

---

[83] Vgl. Krystek (2007), S. 50 f.
[84] Vgl. Nick (2008), S. 57.
[85] Vgl. Krystek (2007), S. 54.
[85] Vgl. Liebl (2002), S. 171.
[87] Vgl. Krystek (2007), S. 54.
[83] Vgl. Liebl (2002), S. 168 ff.

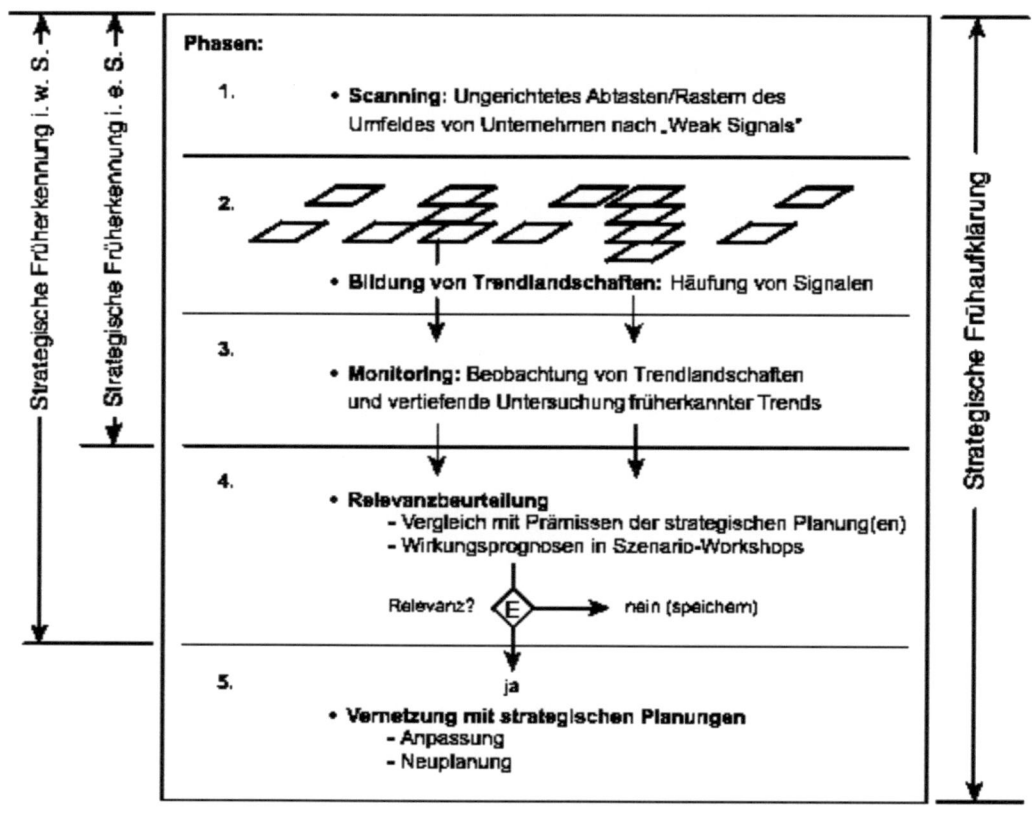

Abbildung 2: Integrierter Ansatz strategischer Früherkennung
Quelle: Krystek, U. (2007), S. 56.

Die organisationale Leistung des Scanning und das Verhalten der Manager beim Scanning können durch verschiedene Maßnahmen positiv beeinflusst werden. Neben der genauen Quellenbenennung, Überprüfen des Informationsverhaltens und der Meldefrequenz ist die Schulung der Fähigkeit zum kreativen und unkonventionellen Denken von Bedeutung. Für die Aktivität des Scannens kommen besonders Führungskräfte mit einem möglichst breiten Spektrum an Erfahrung und Wissen in Betracht. Ihr Zugang zu Informationen sollte möglichst breit und vielfältig sein. Außerdem zeichnen sich Unvoreingenommenheit gegenüber Neuerungen und die Bereitschaft zu einem Wechsel von Ansichten und Paradigmen als wichtige Eigenschaften aus[89]. Eine Studie von Danneels zeigt, dass das Scanning der Umwelt Unter-

---

[89] Vgl. Krystek (2007), S. 54 f.

nehmen positiv in der Fähigkeit beeinflusst, neue Kompetenzen aufzubauen und dass es damit einen Beitrag zum Management von Diskontinuitäten leistet[90].

> "Diagnosing future turbulence is, at best, an imprecise process. Although quantitative forecasts and multiple scenarios can provide a useful input to the diagnosis, the final estimate must be based on the judgement of managers who have a substantial record of experience in the SBA."[91]

Mit dieser Aussage weisen Ansoff/McDonnell darauf hin, dass ein rein quantitativer Ansatz der Vorausschau nicht ausreichend ist. Die letztliche Interpretation und Beurteilung muss von einem erfahrenen Management durchgeführt werden. Der Prozess, Risiken und Chancen zu erkennen, gestaltet sich daher am besten aus: (1) Schaffen einer Gruppe bestehend aus Managern mit einzigartigen Erfahrungen, Wissen und Ansichten. (2) Es sollte nicht um eine genaue Wahrscheinlichkeitsbestimmung einer Zukunft gehen, sondern um grobe Einteilungen wie beispielsweise „wenig wahrscheinlich" und „sehr wahrscheinlich".

Die Erfassung und Dokumentation sollte letztlich von den Führungskräften durchgeführt werden. Dies ist zu begründen mit den Charakteristiken des Erkennungsprozesses. Es handelt sich um einen offenen Prozess, in dem die Beobachtungsbereiche nicht eingeschränkt werden können, der Prozess ist eher intuitiv und subjektiv wertend, kaum formalisiert und er arbeitet mit kaum quantifizierbaren Informationen sondern eher mit unscharfen und eher verbal ausdrückbaren Wahrnehmungen. Diese Dokumentationen können später formalisiert abge-speichert werden. Aus der Dokumentation können sich Häufungen ergeben und es lassen sich Verbindungen zu anderen Trendbereichen erkennen. Anschaulich wird von einer Trendland-schaft gesprochen. Mit der Bewertung und Interpretation der Informationen, welches die wichtigste Aufgabe im Umgang mit schwachen Signalen ist, muss das oberste Management eine Relevanzbeurteilung durchführen sowie gegebenenfalls Reaktionsstrategien initiieren[92]. Die Interpretation der Vorausschau obliegt demnach dem obersten Management[93].

Ein weiterer integrierter Ansatz eines strategischen Früherkennungssystems nach Rauscher beinhaltet neben der strategischen Frühaufklärung auch Befragungen und Beobachtungen von Stakeholdern. Dies ist als eine Erweiterung des ursprünglichen Konzepts von Ansoff zu sehen, da das Stakeholder-Management zusätzlich integriert ist[94]. Es lässt sich somit sagen,

---

[90] Vgl. Danneels (2008), S. 519.
[91] Vgl. Ansoff/McDonnell (1990), S. 271.
[92] Vgl. Krystek (2007), S. 55.
[93] Vgl. Rohrbeck (2010), S. 15.
[94] Vgl. Krystek (2007), S. 56.

dass das Stakeholder-Management auch in der strategischen Frühaufklärung als ein Bestand-teil des Managements von Diskontinuitäten betrachtet wird.

Nach Bea und Hass gibt es in der Implementierung von Früherkennungssystemen unter-schiedliche Problemfelder. Diese bestehen aus (1) systembezogenen Aspekten, die methodi-sche und Theorieprobleme umfassen, (2) aus organisatorischen Problemen, die im Mangel an Zuständigkeit und in Versickerungseffekten in der Hierarchie liegen, und (3) aus personalen Aspekten, die sich in Überheblichkeit gegenüber drohenden Gefahren und mangelnder Umfeldsensibilität äußern. Die bisherige Umsetzung von strategischer Früherkennung in Unternehmen wird von vielen Autoren als unzureichend kritisiert. Operative Früherkennungs-systeme sind in Unternehmen dagegen häufiger genutzt[95].

Früherkennungssysteme können als Teil des Dynamic Capibility-Konzepts gesehen werden[96]. Zudem sind Frühaufklärungsinformationen als Grundlage für den gesamten Prozess der strategischen Planung und der strategischen Entscheidungen zu sehen[97]. Aus der Frühaufklä-rung lässt sich ableiten, wie stark die Unternehmensumwelt von Diskontinuitäten betroffen ist und wie Strategien zu gestalten sind. Das Ziel ist es, die Prämissen daraufhin zu überprüfen, ob sie sich in der möglichen Weiterentwicklung von Trends als weiterhin gültig oder nicht mehr gültig erweisen. Umgesetzt wird dies mittels der Szenariotechnik. In der anschließenden Vernetzung soll eine Anpassung der strategischen Planung oder gegebenenfalls eine Neupla-nung erfolgen.

3.1.4 Zukunftsforschungsmethoden

Nach Luhmann und der Systemtheorie wird die Gesellschaft als ein System betrachtet. Dieses System untergliedert sich wiederum in einzelne Subsysteme, die als eigenständige Systeme wiederum aus Subsystemen bestehen. Die Entwicklung der Gesellschaft ist demnach von den Entwicklungen seiner Subsysteme abhängig. Diese können sich wiederum gegenseitig beeinflussen. Will ein mögliches Zukunftsszenario ermittelt werden, ist es notwendig auf die Entwicklung der einzelnen Systeme zu schauen[98]. Zur Erforschung möglicher Zukünfte gibt es verschiedene Methoden mit unterschiedlicher Relevanz für das strategische Management. Im Folgenden werden die Trendextrapolation, Cross-Impact-Analyse, Szenarioanalyse und Corporate Think Tanks beschrieben.

---

[95] Vgl. Krystek (2007), S. 50 f.
[96] Vgl. Rohrbeck (2011), S. 50.
[97] Vgl. Krystek/Müller-Stewens (2006), S. 191.
[98] Vgl. Horster (2011), S. 124 ff.

Die Methode der Trendextrapolation zieht Beobachtungswerte aus der Vergangenheit heran, um daraus Trendverlängerungen in die Zukunft zu zeichnen. Es wird davon ausgegangen, dass Gesetzmäßigkeiten, die zum gegenwärtigen Zeitpunkt bestehen, stabil bleiben und Voraussagen über die Zukunft zulassen. Diese Methode hinterfragt kaum Zusammenhänge und ist eher quantitativ orientiert und damit weniger strategisch anwendbar, da qualitative Ansätze eher gefragt sind. Weiterhin vernachlässigt die Trendextrapolation das Prinzip der Diskontinuitäten, nach dem Variablen in Systemen einen grundsätzlichen Wandel erfahren können[99].

Im Rahmen einer Cross-Impact-Analyse werden zukünftige Ereignisse betrachtet, die mit der Eintrittswahrscheinlichkeit eines anderen Ereignisses in Bezug gesetzt werden. Eine entstehende Matrix kann zu Planungszwecken herangezogen werden. Es können optimale Handlungsalternativen herausgearbeitet und die Matrix als Grundlage für ein Entscheidungsmodell genommen werden. Als Nachteil ist die 2-Dimensionalität und einseitige Abhängigkeit der Variable auf das Ergebnis zu sehen. So ist es denkbar, dass ein Ereignis durch mehrere Variablen beeinflusst wird und dass das daraus resultierende Ereignis wiederum Einfluss auf die Variablen hat. Diese Momente sind durch die Matrix nicht abgedeckt. Rechenmodelle, die diese Probleme berücksichtigen, würden um ein Vielfaches komplizierter und enthielten eine Vielfach höhere Zahl an resultierenden Ereignissen[100].

Mit Hilfe der Szenarioanalyse sollen mögliche Zukunftsbilder erarbeitet werden. Einfachste Bestandteile der Anwendung sind (1) die Erstellung eines Worst-Case-Szenarios, also die denkbar schlechteste Entwicklung der Zukunft, (2) die Erstellung eines Best-Case-Szenarios, die beste denkbare Entwicklung, und (3) die Erstellung eines realistischen Szenarios, welches zwischen den beiden anderen Szenarien liegt. Nach der Erstellung multipler Szenarien wird ein mehrdimensionaler Ereignisraum aufgespannt. Nachteilig ist aber auch hier die Nichtbeachtung der Dynamik komplexer Systeme. Weiterhin werden gegenwärtig vorliegende Sozialstrukturen unkritisch als Ausgangsbedingung akzeptiert[101]. Mit der Szenariotechnik ist es dem Unternehmen aber möglich, bestehende strategische Annahmen zu hinterfragen oder weiterzuentwickeln und ebenso ein gemeinsames Verständnis über relevante Umweltbedingungen zu entwerfen. Mit ihr ist auch die Einsicht verbunden, dass Trends aus der Vergangenheit nicht ohne weiteres in der Zukunft fortgeschrieben werden und sie ermöglicht die

---

[99] Vgl. Tiberius (2011), S. 62 f.
[100] Vgl. ebd., S. 63 f.
[101] Vgl. Tiberius (2011), S. 65 f.

Prüfung der Strategien auf Robustheit unter Diskontinuitäten[102]. Weitere Vorteile in der Anwendung der Szenario-planung liegen darin, dass mehrere mögliche Zukünfte betrachtet werden und damit ein Beitrag zu vorausschauender, flexibler Planung ermöglicht wird. Ebenso werden die Problemwahrnehmung im relevanten Bereich für das obere Management und die Effektivität von Entscheidungsprozessen verbessert[103]. Phelps et al. finden durch Studien in der englischen IT-Branche und der Wasserversorgungsbranche Belege dafür, dass die Anwendung von Szenarioplanung im Rahmen der strategischen Planung einen positiven Effekt auf den finanziellen Erfolg eines Unternehmens hat. Beide Branchen waren zum Zeitpunkt der Studie von Diskontinuitäten in Form von Marktliberalisierung und technologischem Fortschritt betroffen[104].

Ein weiterer Aspekt der Szenariotechnik ist der Einfluss unterschiedlicher kultureller Verfahrensweisen. So tendieren in Europa und speziell in Deutschland Szenariotechniken eher zu faktenbasierter Erstellung. Dadurch reduziert sich das Maß an Spekulationen und das Ergebnis beschränkt sich auf eine geringere Anzahl möglicher Zukünfte. Coates sieht die Gefahr, dass Szenarien eher uninteressant und intellektuell anspruchsloser werden. In diesem Zusammenhang wird klar, dass die Wichtigkeit des Verwendungszusammenhangs der Ergebnisse beachtet und mögliche kreative Einschränkungen des Erstellungsprozesses vermieden werden[105]. Weiterhin wird auch eine kulturelle Beeinflussung der Forschung auf die zu erzielenden Ergebnisse deutlich.

Abschließend werden in diesem Kapitel kurz Corporate Think Tanks betrachtet. Es handelt sich dabei um einen Oberbegriff, der verschiedene Möglichkeiten von Zukunftsprojekten in Unternehmen zusammenfasst. Im Rahmen von Corporate Think Tanks beschäftigen sich interdisziplinär zusammengesetzte Teams mit zukunftsgerichteten Fragestellungen[106]. Corporate Think Tanks helfen dabei, entscheidungsvorbereitende Analysen und Prognosen zu erarbeiten. Weiterhin werden Impulse und Ideen für Problemlösungen und Strategien sowie Innovationen geschaffen[107]. Als Beispiel für Unternehmen, die sich mit Corporate Think Tanks beschäftigen, können der Tourismusdienstleister TUI, die Deutsche Bahn oder auch die Deutsche Post genannt werden.

---

[102] Vgl. Seidl/Werle (2011), S. 295 f.
[103] Vgl. Phelps et al. (2001), S. 223 f.
[104] Vgl. ebd., S. 231.
[105] Vgl. Coates (2000), S. 120 f.
[106] Vgl. Poguntke (2014), S. 13.
[107] Vgl. ebd., S. 6.

3.1.5 Zusammenfassende Betrachtung

Zukunftsforschung dient der Informationsbereitstellung zur Erarbeitung von Strategien. Dazu können Früherkennungssysteme genutzt werden. Diese erkennen Trends und Trendbrüche in frühen Stadien. Beim Empfang schwacher Signale sind strategische Handlungsalternativen zu erarbeiten. Damit bildet die strategische Vorausschau die Grundlage für die Entdeckung und Interpretation von diskontinuierlichem Wandel. Der Aufbau der entsprechenden unternehmerischen Fähigkeiten kann als Aufgabe des strategischen Managements gesehen werden[108]. Es wird auch deutlich, dass Reaktionsstrategien bereits in einem frühen Stadium von Diskontinuitäten eingeleitet werden sollten.

Ausgehend von der Logik Ansoffs ist es die Aufgabe des Managements, den Unternehmenswandel in die Planung einzubeziehen und den Übergang zu kontrollieren. Ansätze wie die Szenarioplanung gehen von mehreren möglichen und unsicheren Zukünften aus und versuchen diese mit der Vorausschau zu erkunden, damit Entscheidungen auf ihre Robustheit bewertet werden können[109].

Strategische Vorausschau kann als Phänomen des Wandels im strategischen Management gesehen werden. Eine zukunftsorientierte Planung sollte sich unter anderem am Denken in Alternativen orientieren, Unternehmen als komplexe, dynamische und offene Systeme begreifen, verbale Plausibilitäten statt ausschließlich mathematische Modelle einbeziehen sowie Zufälle konkretisieren. Der Fokus von Planungen rückt von rein internen zu internen und externen Variablen, reicht von Kurzzeit bis Langzeit, beinhaltet Unsicherheiten, ist nicht nur statistisch sondern betrachtet auch Werturteile und hat neben einem reaktiven auch einen proaktiven Charakter[110].

Befindet sich das Unternehmen in einer kritischen Lage mit einer zu erwartenden schwerwiegenden Diskontinuität, sind ein schneller Wandel und hohe Anpassungsfähigkeit erforderlich. Gefahr besteht, wenn dies zu übereilten Maßnahmen führt. Durch strategische Vorausschau kann die Anpassungszeit erhöht werden. Bleibt das Erkennen von Änderungen in der Unternehmensumwelt durch das Management aus, werden notwendige Anpassungen an Strategie und Unternehmensstruktur nicht durchgeführt und führt somit möglicherweise zu Fehlplanungen. Die strategische Vorausschau ist demnach eine wichtige Voraussetzung in der

---

[108] Vgl. ebd., S. 19.
[109] Vgl. Rohrbeck (2010), S. 43.
[110] Vgl. Meyer-Schönherr (1992), S. 9 ff.

Erkennung von Diskontinuitäten und resultierenden Anpassungen der Strategie[111]. Bei einer akuten kritischen Lage hilft möglicherweise auch ein Krisenmanagement[112].

In einer wechselhaften Umwelt werden mehr Informationen benötigt, um die Unternehmensstrategie anzupassen. In einer dynamischen Umwelt mit gestiegener Häufigkeit von Diskontinuitäten besteht also auch ein engerer Zusammenhang zwischen strategischer Planung und Unternehmenserfolg beziehungsweise Performance[113]. Ebenso nimmt der Bedarf an Informationen und Daten zu, um zum Beispiel Abweichungen und Diskontinuitäten im Konsumentenverhalten festzustellen. Hierfür muss das strategische Management Grundlagen schaffen, um die entsprechenden Fähigkeiten im Unternehmen sicherzustellen[114]. Die Anwendungen lassen sich etwa im Preismanagement, CRM oder im Marketing finden.

Die strategische Vorausschau sollte in die Kurz-, Mittel- und Langzeitplanung involviert werden. Die Zeiträume umfassen dabei in etwa ein Jahr, drei bis fünf Jahre und 15 bis 20 Jahre[115]. Weiterhin trägt die strategische Vorausschau zur Priorisierung und Budgetbildung des Innovationsportfolios bei[116]. Anwendungen finden sich auch im Controlling[117].

Die kritische Frage in Bezug auf Zukunftsforschung bleibt stets: Inwieweit kann die Zukunft wirklich vorausgesehen oder beeinflusst werden? Damit verbunden sind nach Meinung des Autors Einschränkungen von strategischen Managementmodellen, beispielsweise die Wettbewerbsanalyse nach Ansoff/McDonnell[118]. Sie gehen davon aus, dass wenn die Annahmen über die Zukunft gut genug sind, dann lassen sich Ableitungen bezüglich Portfolio und Positionierung durchführen, was demnach kritisch hinterfragt werden muss. Weiterhin sind in qualitativen Methoden der Vorausschau gute Herangehensweisen entwickelt worden, methodischen Einschränkungen durch Diskontinuitäten zu begegnen.

---

[111] Vgl. Lant et al. (1992), S. 590.
[112] Vgl. Zahn (1984), S. 47 f.
[113] Vgl. Hutzschenreuter/Kleindienst (2006), S. 697.
[114] Vgl. Reeves/Deimler (2011), S. 138.
[115] Vgl. Rohrbeck (2010), S. 157 ff.
[116] Vgl. ebd., S. 166.
[117] Vgl. Liebl (2002), S. 180.
[118] Vgl. Ansoff/McDonnell (1990), S. 92.

3.2 Wissen und Lernen im organisationalen Kontext

3.2.1 Organisationales Lernen

Wissen, das beispielsweise aus organisationalem Lernen hervorgeht, interpretiert der Knowledge Based View als Ressource. Einzigartiges Wissen und Prozesse des organisationalen Lernens können demnach langfristige Wettbewerbsvorteile darstellen. Der Dynamic Capabilities-Ansatz, der Wissen als Voraussetzung für organisationale Veränderungen beinhaltet, begreift demnach auch Wissensmanagement und organisationales Lernen als Voraussetzungen für Wettbewerbsvorteile in dynamischen Umwelten[119].

Klassische Modelle des organisationalen Lernens bauen darauf auf, dass Manager konkrete Leistungsziele setzen, die später mit den erreichten Ergebnissen verglichen werden. Die Differenz zwischen Zielen und Ergebnissen lässt dann Schlussfolgerungen zu, ob die verbundenen unternehmerischen Aktivitäten als Erfolg oder als Misserfolg zu bezeichnen sind. So festgestellte erfolgreiche Aktivitäten werden wiederholt, wohingegen Aktivitäten, die Misserfolge hervorrufen, nicht wiederholt werden. Dieses Lernmodell lässt sich als Trial-and-Error-Modell bezeichnen[120]. Lant et al. stellen fest, dass organisationales Lernen jedoch als ein weit komplexerer Prozess anzusehen ist[121]. Steuert das Unternehmen zum Beispiel auf eine Krise zu, hilft das Modell des Single-Loop-Lernen nicht mehr, denn bekannte Maßnahmen der Anpassung erweisen sich nicht mehr als effektiv. Ein Hinterfragen des Prozesses wird notwendig mit der Konsequenz einer Neuanordnung der Prozesse. Dieser Sachverhalt wird vom Modell des Double-Loop-Lernen berücksichtigt[122].

Zudem berücksichtigen klassische Lernmodelle kaum die zunehmende Dynamik der Unternehmensumwelt. Teece et al. stellen fest, dass wenn sich zu viele Parameter der Unternehmensumwelt gleichzeitig ändern, die Möglichkeit mittels des Trial-and-Error-Modells zu experimentieren für Unternehmen geschwächt ist. Die Änderung vieler Parameter verhindert hierbei das Erkennen von Ursache-Wirkungs-Beziehungen und die Lernrate verringert sich[123]. Modernere Ansätze erweitern das Trial-and-Error-Modell und das Double-Loop-Modell und betrachten weitere organisationale Aspekte wie die Kultur, organisationale Struktur und technische

---

[119] Vgl. Lichtenthaler/Lichtenthaler (2009), S. 1322.
[120] Vgl. Argyris (1976), S. 373.
[121] Vgl. Lant et al. (1992), S. 603.
[122] Vgl. Argyris (1977), S. 116 ff.
[123] Vgl. Teece et al. (1994), S. 523.

Systeme[124]. Nach dem 4I-Modell von Crossan et al. (siehe Abbildung 3) besteht der Prozess des organisationalen Lernens aus Intuiting, Interpreting, Integrating und Institutionalizing[125]. Intuiting stellt den Ausgangspunkt dar und ist das Erkennen auf individueller Ebene. Als Input sind Erfahrungen und Bilder zu sehen und als Outcome Metaphern. Erst mit dem Interpreting ist es dem Iniviuduum nun möglich Wissen und Erkenntnisse der Gruppe zu erklären. Zum Input gehören hier Sprache und kognitive Karten und zum Outcome Konversationen. Durch Integrating wird die Erkenntnis in gemeinsames Denken und Handeln auf Gruppenebene übernommen. Hier werden als Input gemeinsame Vorstellungen gesehen und als Outcome interaktive Systeme. Auf der Organisationsebene erfolgt schließlich das Institutionalizing und bezeichnet oft wiederholte Vorgänge und formalisierte Aktivitäten. Institutionalizing manifestiert sich durch Routinen und Regeln.

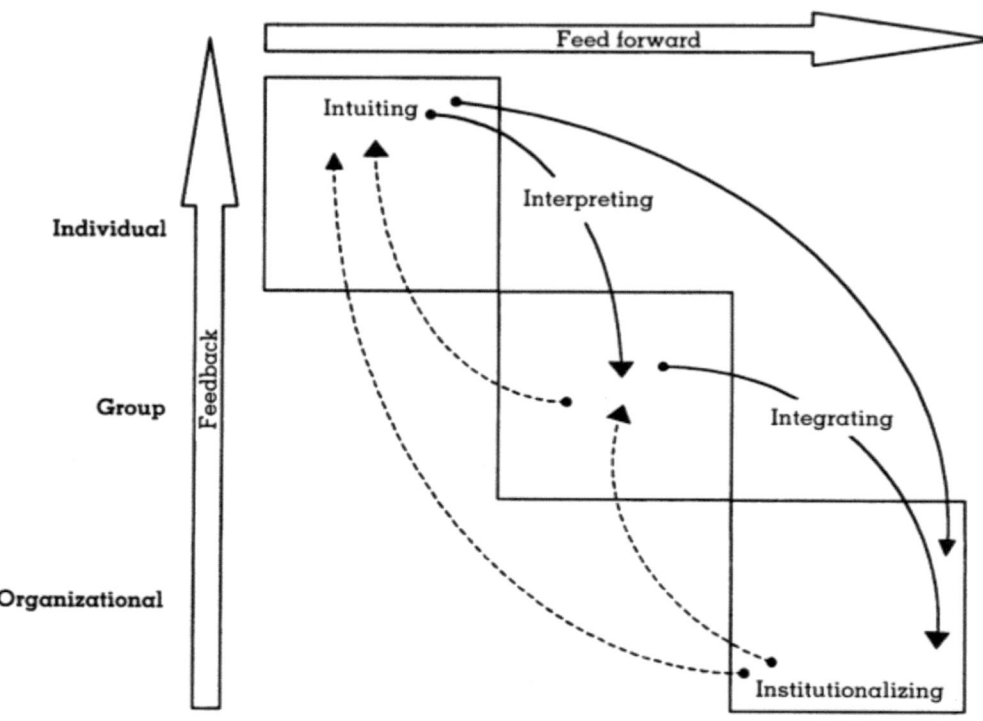

Abbildung 3: 4I-Modell des organisationalen Lernens
Quelle: Crossan, M. M. et al. (1999), S. 532.

Crossan et al. zeigen, dass organisationales Lernen als dynamischer Prozess gesehen werden kann. Gemeint ist damit, dass der Prozess des organisationalen Lernens in beide Richtungen

---

[124] Vgl. Schilling/Fang (2014), S. 974 f.
[125] Vgl. Crossan et al. (1999), S. 524 ff.

abläuft und Ebenen übersprungen werden können. So werden nicht alle Erkenntnisse, die auf individueller Ebene durch Intuiting gewonnen wurden, durch Interpreting auf Gruppenebene kommuniziert. Der Wissenstransfer kann folgende Stufen überspringen und durch Institutionalizing auf Organisationsebene übernommen werden. Genauso können auf Organisationsebene Prozesse zum Intuiting auf individueller Ebene führen. Beispielsweise sind risikofreudige Investments von Unternehmen teilweise mit dem Ziel verbunden, durch Experimente neues Wissen zu generieren, anstatt den rein finanziellen Gewinn zu betrachten[126].

Trotz der Anschaulichkeit, wie individuelle Kognition zu institutionalisiertem Wissen führt, sind die Inputfaktoren von organisationalem Wissen nach Meinung des Autors unzureichend erklärt. Es ist zum Beispiel fraglich, ob der Ausgangspunkt des Lernens stets auf individueller Ebene liegen muss, wenn Wissen auch in Form von Expertise eingekauft werden kann. Es wird aber klar, dass organisationales Lernen eine strategische Bedeutung hat und demzufolge als Aufgabe des strategischen Managements betrachtet werden kann. Organisationales Lernen kann als Mittel der strategischen Erneuerung eines Unternehmens betrachtet werden. Erneuerung erfordert hierbei, dass das Unternehmen nach neuen Lösungswegen sucht, während momentan ablaufende Prozesse weiter verbessert werden[127].

Nach Huber sind mit organisationalem Lernen die Konstrukte Knowledge Acquisition, Informationsverteilung, Informationsinterpretation und organisationales Gedächtnis verbunden. Knowledge Acquisition gibt Hinweise auf Wissensquellen. Organisationales Wissen setzt sich zusammen aus dem vorhandenen Wissen bei Unternehmensentstehung, Lernen durch Erfahrung, Lernen durch Beobachten anderer Unternehmen, Hinzufügen von Komponenten, die unternehmensfremdes Wissen mitbringen und Suche nach Informationen aus der Unternehmensumwelt und der eigenen Unternehmensleistung[128].

3.2.2 Exploitation und Exploration

March grenzt Exploration und Exploitation als Second-Order Capabilities voneinander ab. Prozesse der Exploration lassen sich charakterisieren durch Begriffe wie Suche, Variation, Risikobereitschaft, Experimente, Spiel, Flexibilität, Entdeckungen und Innovation. Exploration beschäftigt sich also eher mit der Entdeckung von Neuem. Exploitation wird dagegen mit Begriffen beschrieben wie Verbesserung, Entscheidung, Produktion, Effizienz, Auswahl,

---

[126] Vgl. Crossan et al. (1999), S. 532 f.
[127] Vgl. Crossan et al. (1999), S. 522.
[128] Vgl. Huber (1991), S. 88.

Implementierung und Ausführung[129]. Weiterhin stehen die Prozesse der Exploration und Exploitation in einem Spannungsverhältnis[130]. Wenn sich eine Organisation überwiegend im Bereich der Exploration bewegt, stehen hohe Kosten des Experimentierens geringen Einnahmen auf Grund mangelnder Kompetenz der Ausentwicklung neuer Ideen gegenüber. Bewegt sich eine Organisation wiederum überwiegend im Bereich der Exploitation, läuft sie Gefahr, sich in die Falle eines suboptimalen stabilen Gleichgewichts oder anders ausgedrückt in eine Kompetenzfalle mit fehlender Weiterentwicklung zu begeben[131].

Organisationales Lernen umfasst ebenfalls den innovativen Feed-Forward-Prozess, bezeichnet als Exploration, als auch den Feedback-Prozess, mit dem die Erträge von Erlerntem abgeschöpft werden können, bezeichnet als Exploitation (siehe Abbildung 3)[132]. Feed-Forward und Feedback sind Bestandteile des Modells organisationalen Lernens nach Crossan et al.

Für die Management-Praxis sind Antezedenzien und Mikrofundierungen wesentliche Orientierungen, um die Entwicklung von strategisch relevanten Second-Order Capabilities zu unterstützen. Nach Dixon et al. gehören zur Exploitation die Mikrofundierungen Wissensgewinnung, -internalisation und –verteilung. Zur Exploration zählen Dixon et al. Suche, Experimente sowie Risikobereitschaft[133]. Die Antezedenzien und Mikrofundierungen von Anpassungs- und Innovationsfähigkeiten werden in den folgenden Kapiteln weiter beschrieben.

3.3 Anpassungs- und Innovationsfähigkeit

Im Folgenden werden die Anpassungs- und Innovationsfähigkeit in einem Modell nach Dixon et al. betrachtet. Schließlich sollen weitere Antezedenzien und Mikrofundierungen von Anpassungs- und Innovationsfähigkeit beschrieben werden. Nach der Theorie der Dynamic Capabilities sind es besonders die Anpassungs- und die Innovationsfähigkeit, die einem Unternehmen in dynamischen Umwelten Wettbewerbsvorteile verschaffen können. In ihrem Modell der Anpassungsfähigkeit (siehe Abbildung 4) fügen Dixon et al. der Exploitation das Deployment hinzu. Unter Deployment wird die Art der Verwendung der Ressourcen nach Teece et al. verstanden, z. B. Rekonfiguration, Ein- und Ausgliederung von Ressourcen. Der Wissenseinkauf lässt sich allerdings nach dem Knowledge Based View auch als Ressource

---

[129] Vgl. March (1991), S. 71.
[130] Vgl. Crossan et al. (1999), S. 533 f.
[131] Vgl. March (1991), S. 71.
[132] Vgl. Crossan et al. (1999), S. 533 f.
[133] Vgl. Dixon et al. (2014), S. 197.

bezeichnen. Daher ließe sich nach Meinung des Autors Verwendung von Wissen auch unter Deployment einordnen. Wichtig ist in diesem Zusammenhang aber, dass die Bildung von Allianzen, Maßnahmen der Netzwerkbildung und Organisationsgestaltung als strategische Wege der Anpassung formuliert werden genauso wie organisationales Lernen. Zu den Grundlagen der Innovationsfähigkeit eines Unternehmens wird Exploration und Pfadkreation gezählt. Bei der Innovationsfähigkeit ist also organisationales Lernen in Form von Exploration und zusätzlich die Pfadkreation zu betrachten[134].

Microfoundations	Second-order capability constructs	Dynamic capabilities
Knowledge acquisition (Huber, 1991)	Exploitation (March,1991)	Adaptation
Knowledge internalisation (Huber, 1991)		
Knowledge dissemination (Huber, 1991)		
Resource reconfiguration (Teece et al., 1997)	Deployment (Helfat et al., 2007)	
Resource divestment (Teece et al., 1997)		
Resource integration (Teece et al., 1997)		
⇩ Operational capabilities (Winter, 2003) (Catch-up and survival)		
Search (March, 1991)	Exploration (March, 1991)	Innovation
Experimentation (March, 1991)		
Risk-taking (March, 1991)		
Project selection (Own data)	Path creation (Garud & Karnoe, 2001)	
Project funding (Own data)		
Project implementation (Own data)		
⇩ Unique capabilities (Prahalad & Hamel, 1990) Potential competitive advantage (Barney, 1991)		

Abbildung 4: Modell der Mikrofundierungen von Second-Order Capability Konstrukten und Dynamic Capabilites
Quelle: Dixon, S. et al. (2014), S. 197.

---

[134] Vgl. ebd., S. 200.

Prozesse der Anpassungsfähigkeit wirken auf die Operational Capabilities wie Marketing, Finance, HR und Informationsteilung und ermöglichen kurzfristige Wettbewerbsvorteile. Prozesse der Innovationsfähigkeit wirken dagegen auf die Unique Capabilities, die erst in der Lage sind, dem Unternehmen einen einzigartigen und langfristigen Wettbewerbsvorteil zu verschaffen[135]. Während kurzfristige Wettbewerbsvorteile durch den Einkauf von Wissen erreicht werden können, muss grundsätzlich neues Wissen dagegen durch Exploration erarbeitet werden[136].

Zum einen eignet sich das Modell gut, um Möglichkeiten des strategischen Managements darzulegen, mit denen Anpassung und Innovation erreicht werden können. Anpassung und Innovation sind in der Literatur kaum als integrierte Modelle mit Bezug zu Dynamic Capabilities und ihren Voraussetzungen zu finden. Jedoch sind genaue Abgrenzungen von inkrementellen Anpassungen und radikalen Innovationen in der Forschung umstritten[137]. Weiterhin resultieren in dem Modell von Dixon et al. aus der Anpassungsfähigkeit die Operational Capabilities, zu denen Marketing gezählt wird. Folglich wären Bezeichnungen wie innovatives Marketing widersprüchlich oder zumindest erklärungsbedürftig. Außerdem wird beim Studium der Literatur zur Innovation deutlich, dass eine einheitliche Verwendung des Innovationsbegriffs nicht vorhanden ist. Beispielsweise fassen Tushman et al. Exploration und Exploitation unter dem Begriff „innovation streams" zusammen[138]. Greve dagegen verwendet sogar „exploitation innovation" als Begriff, geht jedoch nicht weiter auf die Herkunft der Bezeichnung ein[139]. Hieraus entstehen Probleme für die Validität und Kommensurabilität von Modellen und Theorien, die Innovation und Anpassung als Dynamic Capabilities zur Erreichung von langfristigen Wettbewerbsvorteilen untersuchen.

Weitere Forschungsstränge untersuchen die Antezedenzien von Anpassungs- und Innovationsfähigkeit. Zum Beispiel wird geforscht, wie die Stellung im Netzwerk die Innovationsfähigkeit beeinflusst[140]. Zudem zeigt Danneels in einer Studie, dass „the ability to explore new markets and the ability to explore new technologies"[141] an bestimmte Voraussetzungen geknüpft sind. Diese sind Bereitschaft zur Kannibalisierung und zu konstruktiven Konflikten, Scanning der Umwelt und Vorhalten von Ressourcenüberschüssen. Dagegen konnte nicht

---

[135] Vgl. Dixon et al. (2014), S. 197 f.
[136] Vgl. ebd., S. 198.
[137] Vgl. Rohrbeck (2010), S. 29.
[138] Vgl. Tushman (2010), S. 1333.
[139] Vgl. Greve (2007), S. 948 ff.
[140] Vgl. ebd., S. 969.
[141] Danneels (2008), S. 519.

bestätig werden, dass Fehlertoleranz die Bildung neuer Kompetenzen beeinflusst[142]. Als Schlussfolgerungen für das Management lässt sich sagen, dass das Unternehmen die Bedeutung der untersuchten Antezedenzien erkennen und integrieren muss[143]. Gleichzeitig ist die Bedeutung des strategischen Managements zu erkennen, denn wenn eine weitreichende Entscheidung getroffen werden muss, die zum Beispiel die Kannibalisierung eines bestehenden Geschäftsmodells bedeutet, dann kann dies nach Rohrbeck nur auf der obersten Management Ebene geschehen[144].

In einer weiteren Studie beschäftigt sich Danneels mit der Profitabilität der Second-Order Kompetenzen von Innovation und Marketing. Die Studie stellt fest, dass Marketingkompetenzen in einer stabilen Umwelt wertvoller sind als in einer volatilen Umwelt. Wohingegen in einer dynamischen Umwelt die Kompetenzen im Innovationsbereich einen größeren Beitrag zur Profitabilität des Unternehmens leisten als in einer stabilen Umwelt. Beides wurde über einen Zeitraum von drei Jahren bemessen. Hier lassen sich also Schwerpunkte im strategischen Management setzen, um in unterschiedlich dynamischen Umwelten profitabel zu agieren. Zudem wird klar, dass sich Dynamic Capabilities in verschieden dynamischen Umwelten hinsichtlich ihrer Effektivität unterscheiden[145].

3.4 Zusammenfassende Betrachtung

Mit der strategischen Vorausschau verfügen Unternehmen über eine Möglichkeit Diskontinuitäten zu entdecken. Es ist die Aufgabe des obersten Managements die Vorausschau zu implementieren sowie die Erfassung und Dokumentation durchzuführen. Mit der Entdeckung von Diskontinuitäten lassen sich Chancen und Risiken für das Unternehmen ableiten. Mittels der Vorausschau kann die Planung regelmäßig an Umweltentwicklungen angepasst werden. Grundlage können quantitative und qualitative Methoden sein. Oft wird im Zusammenhang mit der Planung die Szenarioanalyse verwendet.

Weiterhin verhilft das Konzept des organisationalen Lernens und das Wissensmanagement die Informationsverbreitung und Kommunikation im Unternehmen auf mehreren Ebenen zu organisieren. Durch organisationales Lernen verändern sich die Unternehmensprozesse, führen zu Anpassungen und Innovationen. Zwischen organisationalem Lernen und Früher-

---

[142] Vgl. ebd., S. 519.
[143] Vgl. ebd., S. 537.
[144] Vgl. Rohrbeck (2010), S. 174.
[145] Vgl. Danneels (2012), S. 54.

kennung können inhaltliche Gemeinsamkeiten identifiziert werden. Diese bestehen bei Informationsbeschaffung und Beobachtung, Informationsspeicherung und organisationales Gedächtnis, Informationsübermittlung und Kommunikation und letztlich Informationsverarbeitung und Beurteilung und Analyse. Hieraus wird klar, dass Früherkennung organisationales Lernen unterstützen kann. Jedoch ist die Früherkennung lediglich auf führungsrelevantes Wissen bezogen und organisationales Wissen auf die Wissensbasis des Gesamtunternehmens[146].

Die strategische Vorausschau und organisationales Lernen greifen schließlich zusammen, um Prozesse der Anpassung und Innovation im Unternehmen zu unterstützen. Anpassung und Innovation sind wesentliche Triebfedern des Managements von Diskontinuitäten. Das Management muss dabei gekonnt, je nach Umweltsituation, Prozesse der Exploration und Exploitation im Unternehmen vorantreiben.

---

[146] Vgl. Baisch (2000), S. 48 ff.

4 Handlungsebenen des Managements unter der Rahmenbedingung von Diskontinuitäten

4.1 Planung unter Diskontinuitäten

Die strategische Planung unter Diskontinuitäten hat sich nach Grants Analyse aus acht der weltweit größten Ölförderunternehmen seit den 1970ern deutlich verändert. Wichtige Bestandteile der Planung in turbulenten Umwelten sind der Analyse zufolge die Szenario-Planung, langfristige strategische Vorhaben und Visionen, strategische Innovation und Komplexitätsbetrachtung und Selbstorganisation[147]. Auch im Prozess der strategischen Planung selbst hat Grant einen Wandel festgestellt. Er läuft dezentralisierter, weniger mitarbeitergesteuert und informeller ab. Der Planungszeitraum selbst ist kurzfristiger, eher orientiert an qualitativen Zielen und weniger spezifisch in der Ressourcenallokation und der Handlungsfestlegungen. Weiterhin stellt die Planung eher einen Mechanismus dar, um die Koordination und Unternehmensleistung zu managen. Strategische Planung wird weniger als ein Kontrollsystem der Führungsebene gesehen, sondern soll die Dezentralisation von Entscheidungsfindung und erhöhte Anpassungsfähigkeit des Unternehmens gegenüber Umweltentwicklungen ermöglichen[148]. Da der Unternehmensplan auch der Kommunikation mit der Unternehmensumwelt dient, beispielsweise mit Shareholdern, ist eine regelmäßige Anpassung auch auf der Beziehungsebene notwendig.

Weitere Erkenntnisse sind, dass die strategische Planung in dynamischeren Umwelten monatlich geprüft werden sollte. Ein jährlicher Planungszyklus erscheint dagegen zu lang. Die aufgewendete Zeit für eine Prüfung der Planung sinkt ebenfalls, da nur kritische Unbekannte geprüft werden[149]. Zudem sollte die Planung dazu dienen, neue Alternativen zu generieren, beispielsweise mittels der Szenario-Analyse[150]. Es lässt sich nach Simon argumentieren, dass die Bedeutung der strategischen Planung zunimmt, da sie einen langfristigen Fokus beibehält, der üblicherweise verloren geht, wenn kurzfristige Entscheidungen getroffen werden und Deadlines einzuhalten sind. Die Planungseinheit sollte jedoch nicht als isoliert von operativen Abteilungen betrachtet werden und Plattformen zur Kommunikation oder Job-Rotationen etabliert werden[151].

---

[147] Vgl. Grant (2003), 494 f.
[148] Vgl. ebd., S. 515.
[149] Vgl. Govindarajan/Trimble (2004), S. 71.
[150] Vgl. Simon (1993), S. 138.
[151] Vgl. ebd., S. 139 f.

Im Rahmen der Planung lassen sich sogar Konzepte ausmachen, die Experimentieren fördern. Govindarajan/Trimble definieren als strategische Innovationen:

"A strategic innovation breaks with past practice in at least one of three areas: value chain design, conceptualization of costumer value and identification of potential customers"[152].

Nachteilig an der Durchführung von strategischen Experimenten ist jedoch die Unklarheit in Bezug auf die Formulierung von Profiterwartungen, Unklarheit der möglichen Zielgruppen und die langfristige Bindung einer Multi-Year Bet[153]. Das strategische Experimentieren geht jedoch wiederum einher mit kürzeren Planungszeiten, die ebenso organisationales Lernen fördern[154].

Eine schnellere Entscheidungsfindung fördert zudem eine schnellere Planung. Die strategische Planung sollte in einer sich schnell wandelnden Umwelt öfter erneuert werden beziehungsweise fortlaufend gestaltet werden. Damit wird ein schnellerer Wandel im Unternehmen unterstützt[155].

Als Planungstools können Roadmaps gewählt werden. Aus erkannten Trends in der Vorausschau werden zukünftige Bedarfe abgeleitet. Inhaltlich wird auf eine grobe Planung abgezielt. Langfristige Projekte werden mittels der Roadmap in Meilensteine eingeteilt und führen zu einer Modularisierung von Aktivitäten. Im Falle einer Änderung von Budgets oder veränderten Umweltentwicklungen kann eine Neuplanung der Projekte stattfinden. Roadmaps sind ebenso ein strategisches Entscheidungsfindungstool, um Investments und Chancen zu priorisieren. Schließlich sind Roadmaps ein Kommunikations- und Koordinationstool zwischen verschiedenen Geschäftseinheiten. Eine Roadmap sollte mindestens zweimal jährlich erneuert werden, um Veränderungen der Umwelt wie entwickelnde Märkte und Technologien zu reflektieren und Flexibilität im Rahmen der strategischen Langzeitplanung zu sichern. Bei vielen möglichen Zukunftsszenarien und großen Unsicherheiten ist eine Roadmap allerdings eher unbrauchbar als Planungshilfe[156].

Nach Mintzberg gehört zur strategischen Planung ein Management-Teil, der die Planung formuliert, kommuniziert und umsetzt. Der andere, wichtigere Teil arbeitet auf intuitiver Grundlage. Dieser vermittelt eher ein strategisches Denken. Der strategische Planungsprozess soll kreativ eröffnet werden, um nicht eine Strategie für Probleme der Vergangenheit zu finden, sondern neue Lösungsansätze zu finden[157]. Als Erweiterung der strategischen Planung

---

[152] Govindarajan/Trimble (2004), S. 69.
[153] Vgl. ebd., S. 67.
[154] Vgl. ebd., S. 71.
[155] Vgl. Reeves/Deimler (2011), S. 141.
[156] Vgl. Cho/Lee (2014), S 1005.
[157] Vgl. Mintzberg (1994), S. 28 f.

sind auch Methoden wie die Visualisierung von Planung denkbar, womit ein flexibleres Gerüst und eine vereinfachte Kommunikation entstehen[158].

4.2 Organisationale Wandlungsfähigkeit

"Unlike in the 1930s, when there was little understanding of the fact that management mentality and corporate culture are the major obstacles to adaptation to new realities, today there is a widespread recognition of the importance of mentality / culture."[159]

Die Wandlungsfähigkeit einer Organisation lässt sich an der Organisationskultur sowie sozialem, politischem und symbolischem Verhalten festmachen[160]. Eckpunkte sind Wissen, Wollen und Können auf der Mitarbeiterebene sowie Führungsstil[161]. Wandlungsfähigkeit steht der Kontinuität konträr gegenüber[162], denn der Wandel stört gewohnte Abläufe, Routinen, bricht Beziehungsstrukturen auf, fordert neue Fähigkeiten, gefährdet den Status des Einzelnen und verunsichert durch Neues. Folglich ist mit dem Wandel eine emotionale Dynamik bei Betroffenen verbunden, die mit einem Kommunikationsplan beeinflusst werden kann und das Wollen der Betroffenen verbessert[163]. Das Können wiederum wird ermöglicht durch explizit gemachte Spielräume und Vorgaben, den Abbau struktureller und kultureller Hindernisse und eine breite Befähigung der Mitarbeiter[164]. Das Wissensmanagement schafft Stabilität in der Strategie und schafft die Wissensgrundlage zum Prozesswandel[165]. Schließlich hat der Führungsstil die Aufgabe, eine Vision zu vermitteln, zu motivieren und die Interessen der Anspruchsgruppen im Auge zu behalten[166]. Es kann gesagt werden, dass Wissensfluss, Vielfalt, Autonomie, Risikofreude, Teilbereitschaft und Flexibilität die Wandelbarkeit eines Unternehmens begünstigen[167].

Im Hinblick auf die zu beeinflussenden Eigenschaften des Unternehmens kommt es jedoch auch zu Problemen der Operationalisierung. Zum Beispiel muss gezeigt werden, wie Flexibilität verstanden werden kann. Ein Ansatz zur Modellbildung der Unternehmensflexibilität umfasst Redundanz, Modularität, Lern- und Entwicklungsfähigkeiten sowie Selbstregulie-

---

[158] Vgl. Kim/Mauborgne (2002), S. 83.
[159] Ansoff/McDonnell (1990), S. 62.
[160] Vgl. Johnson (1992), S. 34.
[161] Vgl. Probst/Wiedemann (2013), S. 131.
[162] Vgl. Malhotra/Hinings (2015), S. 1.
[163] Vgl. Probst/Wiedemann (2013), S. 133 ff.
[164] Vgl. Probst/Wiedemann (2013), S. 143.
[165] Vgl. ebd., S. 134.
[166] Vgl. ebd., S. 134.
[167] Vgl. Reeves/Deimler (2011), S. 140.

rung. Die Flexibilität kann sich strategisch auf die Handlungsfelder Management, Ressourcen, Organisation, Systeme und Unternehmenskultur beziehen[168].

Problematisch steht der Anpassung der Änderungswiderstand im Unternehmen gegenüber. Der Wandel kann so verschiedentlich beeinflusst werden. Durch niedrigen Änderungsdruck wird Wandel verhindert, durch niedrigen Änderungswiderstand gegenüber allmählich erhöhtem Änderungsdruck wird der Wandel in kontrollierte Bahnen gelenkt und durch Erhöhen des Änderungswiderstandes gegenüber sehr hohem Änderungsdruck wird der Wandel abrupt herbeigeführt[169]. Daraus ergeben sich Anforderungen zur Unternehmensgestaltung.

Wenn es darum geht neue Ideen und Vorstellungen anzunehmen, ist das obere Management eher weniger bereit dazu als das Management auf Ebene der Geschäftseinheiten. Als Grund hierfür stellt Gavetti fest, dass das obere Management weiter entfernt vom Entscheidungsproblem ist und dadurch eher durch Probleme der Informationsverarbeitung eingeschränkt ist[170]. Das spricht für die Gestaltung von Bottom-Up-Strategien. Möglich sind aber auch Top-Down-Strategien, die einen schnelleren Wandel ermöglichen[171]. Unternehmenshierarchien sind also ausgleichend im Kontext der äußeren Anforderungen zu gestalten.

Ein Unternehmen kann weiterhin so diversifiziert aufgebaut sein, dass Veränderungen in der Umwelt von den Geschäftseinheiten in unterschiedlicher Weise als Chance oder Bedrohung wahrgenommen werden können. Eine diversifizierte Unternehmensstruktur ermöglicht also die Diskontinuitäten auf einzelne Unternehmensteile zu beschränken. Zudem bewirkt die unterschiedliche Wahrnehmung von Diskontinuitäten unterschiedliche Reaktionen des Managements. Bei Bedrohungen neigen Unternehmen eher dazu Strukturen zu verfestigen, während Chancen eher einen Wandel in Unternehmen bewirken[172]. Eine strikte Trennung der Geschäftseinheiten befördert also die Wandelbarkeit einzelner Unternehmensteile[173].

Es lässt sich sagen, dass eine Erhöhung der organisatorischen Wandlungsfähigkeit als Ziel des strategischen Managements definiert werden kann. Es gehen unter Diskontinuitäten Wettbewerbsvorteile damit einher, wenn sich ein Unternehmenswandel einstellt, um die Anpassung an eine veränderte Umwelt zu erreichen. Wesentliche Bestandteile der Wandlungsfähigkeit sind organisationales Lernen, eine Vision, Kommunikation und das Gestalten der Strukturen und Prozesse[174].

---

[168] Vgl. Horstmann (2007), S. 158 ff.
[169] Vgl. Zahn (1984), S. 52.
[170] Vgl. Gavetti (2005), S. 612 f.
[171] Vgl. Mintzberg et al. (2009), S. 352 ff.
[172] Vgl. Gilbert (2006), S. 150 ff.
[173] Vgl. ebd., S. 164.
[174] Vgl. Mintzberg/Westley (1992), S. 44.

4.3 Innovationen als Managementaufgabe

> „A strategy of innovation is perhaps best regarded as a meta-strategy – a strategy of organizing for speed and effectiveness in discovering promising new activities and policies."[175]

Chancen in einer Vielzahl von Branchen können eine Grundlage für Innovationen sein. Um Chancen erkennen zu können, ist es wichtig, in der Breite zu suchen und eigene Wahrnehmungen und Einstellungen zu reflektieren, denn oft bestimmt die Wahrnehmung auch die Bedeutung[176]. Es lässt sich vermuten, dass eine größere Breite an Innovationszielen und breitere Auswahl an Innovationsquellen die Wahrscheinlichkeit erhöhen, erfolgreiche Innovationen zu erreichen[177]. Unternehmen sollten also auch abseits gewohnter Felder nach Gedankenanstößen suchen. Kreative Maßnahmen sind also förderlich sowie das Setzen von mehrfachen Wetten in einem Innovationsportfolio.

Die Suche nach Innovationen kann weit ausgelegt sein und muss auch nicht auf technologische Innovationen beschränkt werden. Allerdings stellt March fest, dass Aktivitäten der Exploitation hohe und wahrscheinliche positive Renditen erzeugen, wohingegen Aktivitäten der Exploration oft unsichere, entfernte und negative Rendite verursachen[178]. Hierbei stehen sich also Unternehmensziele konkurrierend gegenüber. Risikobereitschaft und Mut zu Experimenten verbunden mit Investitionen in Innovationen kann für Unternehmen jedoch ebenso eine Strategie sein, um mit einer unsicheren Umwelt umzugehen. Es geht bei der Innovationsstrategie in erster Linie darum, Vorteile als Pionier zu generieren, also Chancen vor dem Wettbewerber zu nutzen. Damit verbunden ist auch die Möglichkeit, neue Wettbewerbsregeln zu etablieren[179].

Ein inhärentes Risiko für das Unternehmen entsteht nun dadurch, dass der Zeitraum von der Idee bis zur Vermarktung eines Produkts in der Regel langfristig ist. Setzen während des Entwicklungsprozesses oder nach Markteinführung Diskontinuitäten ein und das Produkt erweist sich bei erneuter Bewertung als möglicherweise nicht mehr erfolgreich beziehungsweise profitabel auf dem Markt, muss eine Exit-Strategie gefunden werden, zum Beispiel der Verkauf der Patente. Durch die Aufstellung eines Geschäftsmodells lassen sich aber erfolgswirksame Variablen ableiten, die bei ausreichender Validität als nützliche Anhaltspunkte zur

---

[175] Simon (1993), S. 136.
[176] Vgl. Drucker (1998), S. 156.
[177] Vgl. Leiponen/Helfat (2010), S. 234.
[178] Vgl. March (1991), S. 85.
[179] Vgl. Courtney et al. (1997), S. 67 f.

Erhöhung der Erfolgswahrscheinlichkeit gesehen werden. Weiterhin können im Verlauf des Innovationsprozesses Tests bezüglich der Erfolgswahrscheinlichkeit auf dem Markt durchgeführt werden, z. B. anhand von Kundenurteilen. Anschließend kann in einer Managemententscheidung ein Beschluss über die Fortführung des Projekts oder über mögliche Anpassungen gefasst werden[180].

Eine weitere Strategie der Einführung von Neuheiten, um unter Diskontinuitäten Einnahmen zu genieren, kann auch die Imitationsstrategie sein. Mit der Imitation als Anpassungsstrategie können kostspielige Investitionen vermieden werden und Risiken reduziert werden[181]. Zudem ist ein einseitiger Fokus auf reine Innovationen mit der Gefahr verbunden, Chancen durch Imitationen zu verpassen und damit auch Chancen auf kurzfristige Leistungssteigerungen[182].

Mit dem Ansatz der offenen Innovation können auch kleinere Unternehmen Chancen durch Innovationen wahrnehmen, ohne über ein vergleichbares Budget größerer Wettbewerber zu verfügen[183]. Die Öffnung des Innovationsprozesses bezieht sich unter anderem auf die Finanzierung, die Quellen von Innovationen und schließlich auf die Vermarktung von Innovationen[184]. Die Strategie und der Grad der Öffnung des Innovationsprozesses sind von der strategischen Lücke abhängig. Wird eine Lücke ersichtlich, kann sie durch Maßnahmen der offenen Innovation geschlossen werden[185]. Weiterhin haben die in einem Innovationsnetzwerk befindlichen Unternehmen eine vielfach höhere Chance, erfolgreiche Innovationen zu generieren als Wettbewerber ohne Netzwerk[186].

Eine Erhöhung der Innovationsfähigkeit kann somit Ziel des strategischen Managements sein. Vorteilhaft an Innovationsstrategien ist die Nutzung der wenigen Chancen, neue Märkte und neue Regeln zu etablieren. Innovationsstrategien werden mit dem Gebiet des Entrepreneurships in Verbindung gebracht, was gerade in größeren Unternehmen zu Paradoxien führen kann[187]. Damit ist das Thema der Kannibalisierung angesprochen. Außerdem gewinnen politische Rahmenbedingungen und Regulierungen, von beispielsweise Finanzmärkten, an Bedeutung[188].

---

[180] Vgl. Euchner/Ganguly (2014), S. 36 f.
[181] Vgl. Jenkins (2014), S. 173.
[182] Vgl. ebd., S. 182.
[183] Vgl. Chesbrough (2003), S. 35 f.
[184] Vgl. ebd., S. 38 ff.
[185] Vgl. Lichtenthaler/Lichtenthaler (2009), S. 1325 f.
[186] Vgl. Enkel et al. (2009), S. 311 f.
[187] Vgl. Koch/Grünhagen 2010, S. 236.
[188] Vgl. ebd., S. 255.

4.4 Netzwerke und Allianzen

Zur Unternehmensführung in einer dynamischen Umwelt formulieren Reeves/Deimler, dass „In such an environment advantage will flow to those companies that can create effective strategies at the network or system level.“[189]. Erfolgreiche Strategien auf Netzwerkebene sind demnach ein Wettbewerbsvorteil unter Diskontinuitäten.

Unter dem Management von Netzwerken lassen sich beispielsweise die Gebiete des Stakeholder-Managements und Allianzen subsumieren. Durch Netzwerke erhalten Unternehmen Zugang zu Wissen, Ressourcen, Märkten oder Technologien[190]. Strategische Netzwerke sind strategisch angelegte Verbindungen mehrerer Unternehmen zwischen denen ein regelmäßiger Austausch stattfindet. Solche Verbindungen stellen sich unter anderem dar als strategische Allianzen, unternehmensinterne Geschäftseinheiten, Franchiseunternehmen, Forschungs- und Entwicklungsallianzen, Käufer-Versorger Beziehungen, Geschäftsgruppen, Handelsgesellschaften oder staatlich geförderte Technologieprogramme[191]. Ein Beispiel für eine erfolgreiche Netzwerkstrategie ist die Zusammenarbeit von Apple mit App-Developern, die zum Erfolg des Systems iPhone beitragen[192].

Es ist zu beobachten, dass strategische Allianzen zunehmen aufgrund von technologischen Entwicklungen und der Globalisierung. Die Allianzen können dabei zwischen Unternehmen in der gleichen Position in der Wertkette entstehen als auch zwischen Unternehmen an unterschiedlichen Positionen[193]. Zu den Zielen von strategischen Allianzen gehört unter anderem der Transfer von Wissen. Das Wissen kann sich beziehen auf das Management von Allianzen, auf die Lösung gemeinschaftlicher Aufgabenstellungen sowie auf technologisches und Marktwissen, das durch den Allianzpartner zugänglich wird[194].

Weiterhin werden strategische Allianzen als First-Order Dynamic Capabilites angesehen, da sie die organisationale Ressourcengrundlage um Ressourcen erweitern, die sich außerhalb ihres Einflussbereichs befinden[195]. Die Bildung von Allianzen kann demnach als Anpassung gesehen werden[196]. Zudem verhilft der Zugang zu einzigartigen Ressourcen wiederum zu einzigartigen Ressourcenkombinationen. Somit ist eine Verbesserung und Flexibilisierung der

---

[189] Vgl. Reeves/Deimler (2011), S. 139.
[190] Vgl. Inkpen/Tsang (2005), S. 146.
[191] Vgl. ebd., S. 147.
[192] Vgl. Reeves/Deimler (2011), S. 140.
[193] Vgl. Inkpen/Tsang (2005), S. 148.
[194] Vgl. ebd., S. 149.
[195] Vgl. Schilke (2014), S. 369.
[196] Vgl. Tushman et al. (2010), S. 1332.

Nutzung von Ressourcen möglich[197]. Jedoch ist zu beachten, dass Allianzen mit mehr Risiken behaftet sind und deutlich öfter fehlschlagen als ein einzelnes Unternehmen. Das höhere Risiko resultiert aus den gewöhnlichen Geschäftsrisiken, denen jedes Geschäft unterliegt, als auch aus der Möglichkeit, dass der Partner in schlechter Absicht handelt[198].

Mit dem Stakeholder-Management besteht für Unternehmen die Möglichkeit der Beeinflussung der Umwelt zur Reduktion der Unsicherheit. Am Beispiel des Ölunternehmens Yukos kann gezeigt werden, dass das Beziehungsmanagement eine überlebenswichtige Dynamic Capability darstellt. Der Ölkonzern ist nach Öffnung des russischen Marktes für westliche Unternehmen unter Druck geraten und musste Wege finden, unter den neuen Wettbewerbsregeln zu bestehen. Nach anfänglichen Erfolgen in der Anpassung ist das Unternehmen aber schließlich gescheitert aufgrund fehlender politischer Beziehungen. In einer hochregulierten Wirtschaft gewinnen nach Dixon et al. politische Capabilities an Bedeutung, um beispielsweise mit Regierung und Behörden Interessen aushandeln zu können[199]. Zur Informationsgewinnung über Stakeholder können eine Stakeholder-Analyse durchgeführt und generische Strategien abgeleitet werden[200].

Lewis schlägt fünf Optionen zur Verringerung der Unsicherheit in der Umwelt vor. Zuerst sollte die Komplexität der Umwelt reduziert werden, also eine Fokussierung der Geschäftsbereiche stattfinden mit dem Ziel der Verringerung der Anzahl von Variablen. Dann kann eine Erhöhung der Stabilität des Geschäftsumfeldes folgen durch Beziehungspflege zu Lieferanten und Kunden. Anschließend beschreibt Lewis die Option der Verbesserung der Informationsstruktur. Angesprochen wird damit das Thema der Beziehungspflege zu den für das Unternehmen wertvollen Stakeholdern zum Sammeln von Informationen aus dem für das Unternehmen relevanten Umfeld[201].

Eine verbesserte Stellung im Netzwerk und das Schmieden von Allianzen kann demnach Ziel des strategischen Managements sein. Es geht die Reduktion von Unsicherheiten und Diskontinuitäten damit einher. Gleichzeitig können Wettbewerbsvorteile erzielt, Wissen gewonnen und einzigartige Ressourcenkombinationen erreicht werden.

---

[197] Vgl. Das/Teng (2000), S. 55.
[198] Vgl. Das/Teng (2001), S. 252 f.
[199] Vgl. Dixon et al. (2014), S. 201.
[200] Vgl. Mintzberg et al. (2009), S. 262 f.
[201] vgl. Lewis (2014), S. 83 ff.

4.5 Handhabung von Risiken

4.5.1 Risikomanagement

Wie in Kapitel 2.1.2 beschrieben, resultiert aus der Mehrdeutigkeit von Umweltentwicklungen ein Risiko für die angestrebten Unternehmensziele. Ziel des Risikomanagements ist es, vorhandene und künftige Risiken zu steuern und zu regeln in der Art und Weise, dass Risiken verringert und Ziele und Ertragschancen beibehalten werden. Gefährdungen sollen frühzeitig erkannt und beseitigt, kontrolliert oder gesteuert werden. Das Risikomanagement hat dementsprechend eine Koordinationsfunktion[202].

Anschaulich betrachtet besteht ein Risikomanagementprozess aus der Identifikation, Beurteilung, Steuerung und Überwachung. Methoden der Risikoidentifikation sind beispielsweise Brainstorming oder SWOT-Analysen.

Nach erfolgreicher Identifizierung von Risiken schließt sich die Beurteilung oder Bewertung an, die die Auswirkungen auf Unternehmensstrategien und Ziele untersuchen soll. Risikobewertung kann interpretiert werden als „collecting additional information in an attempt to reduce prevailing uncertainty"[203]. Zu den Methoden gehören Szenarioanalyse, Risikoportfolio und Risikoklassifizierung. Betrachtungsgegenstand der Gestaltung eines Risikoportfolios ist die Optimierung des Investitionsportfolios in Hinblick auf das ermittelte, zu erwartende Risiko, das mit den Investitionen verbunden ist. Es soll also ein Portfolio von Aktivitäten erstellt werden, in dem das Risiko dem risikoverhalten des Unternehmens entspricht[204]. Portfolios dienen als Grundlage für die Ableitung und Beurteilung von Strategiealternativen für die einzelnen Geschäftseinheiten oder das Gesamtunternehmen[205]. Die Risikosituation kann weiter untersucht werden, indem eine Risk Map oder eine Risikomatrix erstellt werden. Die Beurteilung sollte in regelmäßigen Abständen wiederholt und überprüft werden sowie die strategisch langfristige Bedeutung von Risiken beachtet werden[206].

Mit der Risikosteuerung soll die Risikoposition mittels einer geeigneten Risikostrategie beziehungsweise auf Grundlage von Risikozielen verbessert werden. Schließlich wird mit der Risikoüberwachung ein Soll-Ist-Abgleich der Risikosituation durchgeführt[207].

---

[202] Vgl. Gonschorek/Petzold (2014), S. 49.
[203] Stickel (2001), S. 169.
[204] Vgl. ebd., S. 177.
[205] Vgl. Hahn (2006), S. 239.
[206] Vgl. Gonschorek/Petzold (2014), S. 57 ff.
[207] Vgl. Gonschorek/Petzold (2014), S. 60.

4.5.2 Risikostrategien

Risikostrategien lassen sich in Risikovermeidung, Risikoverminderung, Risikoüberwälzung und Risikoübernahme unterscheiden. Mit der Strategie der Risikovermeidung verzichtet das Unternehmen auf risikobehaftete Geschäfte und sucht Ausweichmöglichkeiten. Die Strategie der Risikoverminderung schließt Risiken nicht aus, sondern will sie auf ein für das Unternehmen akzeptables Maß senken. Die Eintrittswahrscheinlichkeit beziehungsweise das Schadensausmaß sollen reduziert werden. Weiterhin ist die Risikoüberwälzung daran interessiert, Risiken auf Dritte gegen Entgelt zu übertragen und bezieht sich sowohl auf Versicherungen als auch auf Vertragspartner. Bei der Risikoübernahme ist das Risiko vom Unternehmen selbst getragen und dient unter anderem der Chancenrealisierung.

Um für den Risikofall gerüstet zu sein, ist es notwendig, die Risikotragfähigkeit im Vorhinein beispielsweise durch die Bildung von Rücklagen oder Kapitalerhöhungen zu verbessern[208]. Große finanzielle Freiräume bedeuten für das Unternehmen Wettbewerbsvorteile, denn diese begünstigen Vorteile der Pionierstrategie. Aber auch als Nachzügler sind große finanzielle Spielräume ein wichtiger Wettbewerbsvorteil[209]. In Bezug auf Innovationen zeigen Studien, dass Unternehmen eher in Explorationen investieren, wenn ausreichend finanzielle Slacks zur Verfügung stehen. Durch das Wissen, dass Slacks zur Verfügung stehen, verändern sich also wiederum auch die Wahrnehmung des Risikos und das Investitionsverhalten[210].

Ein Standardvorgehen zur Erreichung eines optimalen Ergebnisses ist oft keine geeignete Grundlage für einen ausgeprägten Wettbewerbsvorteil[211]. Zur Findung einer geeigneten Strategie sollte das Unternehmen demzufolge die eigene Risikosituation und Risikotragfähigkeit beachten. Danach sollte das Unternehmen einen geeigneten Risikostrategiemix festlegen[212]. Dabei besteht die Gefahr, dass durch zu sehr risiko-averses Verhalten Marktanteile verloren gehen und Gewinne sinken. Weiterhin lässt sich auch hinterfragen, ob sich Informationssysteme zur Unsicherheitsreduktion gewinnbringend auswirken und ein Risikomanagementsystem zur verbesserten Wettbewerbssituation eines Unternehmens beiträgt[213]. Schließlich muss auch beachtet werden, dass Prozesse der Exploration risikobehaftet sind und

---

[208] Vgl. ebd., S. 60 ff.
[209] Vgl. Garcia-Sanchez et al. (2014), S. 1972.
[210] Vgl. Greve (2007), S. 968.
[211] Vgl. Loasby (2002), S. 1234.
[212] Vgl. Gonschorek/Petzold (2014), S. 62.
[213] Vgl. Stickel (2001), S. 177.

dennoch zu organisationalem Lernen beitragen, das einen wichtigen Wettbewerbsfaktor unter Diskontinuitäten darstellt[214].

Ableitungen aus der Risikostrategie können weiterhin zum Beispiel organisatorische Maßnahmen betreffen wie die Differenzierung eines Unternehmens. Ein diversifiziertes Unternehmen kann aufgefasst werden als ein Portfolio verschiedener Unternehmensbereiche oder strategischer Geschäftsfelder[215]. Die strategischen Geschäftsfelder unterliegen dann eigenen Chancen und Risiken. Nach dem Portfoliokonzept sollen die strategischen Geschäftsfelder nun so kombiniert werden, dass mit ihnen die Ziele der Gesamtunternehmung optimal erreicht werden können. Dabei soll eine geschäftsfeldübergreifende ausgeglichene Risikostruktur erreicht werden unter den Nebenbedingungen weiterer Unternehmensziele[216]. Der Grad an Diskontinuitäten in der Unternehmensumwelt kann Aufschluss geben, wie diversifiziert das Unternehmen gestaltet werden sollte[217].

4.6 Entscheidungsfindung

Strategische Entscheidungen können nach Mintzberg et al. definiert werden als „commitment to action" beziehungsweise „commitment of ressources" und weiter als „important, in terms of the actions taken, the ressources commited, or the precedents set". Damit sind Entscheidungen als ein wichtiger Bestandteil des strategischen Managements und der Erreichung von Wettbewerbsvorteilen zu betrachten. Außerdem ist nach Mintzberg et al. die Entscheidungsfindung als der Prozess zu sehen, der mit der Identifikation eines Handlungsbedarfs und der Festlegung auf eine entsprechende Handlung endet[218]. Die Entscheidung entsteht aus einer Auswahl an Alternativen, die mit den Zielen abgeglichen sind.

Die strategische Entscheidungsfindung wird in der Wissenschaft meist von zwei unterschiedlichen Standpunkten aus betrachtet. Zum einen wird nach der inhaltlichen Problemstellung der Entscheidungsfindung gefragt und zum anderen nach dem Prozess, der zur Entscheidung führt. In der Forschung auf der inhaltlichen Ebene geht es um Probleme im Kontext von Portfoliomanagment, Diversifikation, Aquisition and Mergers und die Übereinstimmung von Unternehmensstrategien mit Eigenschaften der Umwelt. Die Forschung auf der Prozessebene

---

[214] Vgl. March (1991), S. 85.
[215] Vgl. Hahn (2006), S. 215 ff.
[216] Vgl. ebd., S. 217.
[217] Vgl. Ansoff/McDonnell (1990), S. 105.
[218] Vgl. Mintzberg et al. (1976), S. 246.

betrachtet den Prozess durch den Entscheidungen entstehen und umgesetzt werden sowie deren beeinflussende Faktoren[219].

Nach Courtney et al. sind strategische Entscheidungen im Wettbewerb unter Diskontinuitäten entlang von drei möglichen Ergebnissen zu unterscheiden. Big Bets sind demnach große Entscheidungen mit bindendem Charakter, sogenannte Commitments. Hieraus können große Gewinne und große Verluste resultieren. Weiterhin sind Optionen Sicherheiten, um jeweils in Best-Case-Szenarien an den großen Gewinnen beteiligt zu sein und im Worst-Case-Szenario Verluste zu minimieren. Als Beispiel können hier Pilotprojekte genannt werden, die mit zunehmender Marktentwicklung zu vollen Programmen ausreifen oder aufgegeben werden. Schließlich sind unter No-Regrets-Moves die Handlungen zu sehen, die in jeder denkbaren Entwicklung zu Vorteilen führen wie beispielsweise Kostenreduktion[220]. Als Steuerung von Entscheidungsprozessen werden standardisierte Handhabungsregeln angewandt[221].

Eine andere Unterteilung von Entscheidungssituationen ist die Unterscheidung nach Sicherheit, Risiko oder Unsicherheit[222]. Bei der Entscheidung unter Sicherheit ist gewiss, dass nach der Handlung nur eine bestimmte Umweltsituation eintreten wird. Erkenntnisse über Eintrittswahrscheinlichkeiten einer bekannten Menge an Umweltsituationen liegen bei Entscheidungen unter Risiko vor. Entscheidungen unter Unsicherheit sind schließlich dann vorhanden, wenn keine Eintrittswahrscheinlichkeiten über die möglichen Umweltsituationen vorliegen[223]. Kritisch zu sehen ist, dass die Entscheidungslogik davon ausgeht, dass bei ausreichendem Informationsstand zu jeder Entscheidung die Eintrittswahrscheinlichkeit von Effekten folgerichtig bestimmt werden kann, also sind nur genügend Informationen einzuholen. Liebl äußert in diesem Zusammenhang aber, wenn die Zukunft betrachtet wird, dann zählt am meisten das Wissen über das Nichtwissen[224]. Folglich ist die Unsicherheit meist größer, als sie durch die Entscheidungslogik abgeleitet werden kann.

Es ist weiterhin unter Diskontinuitäten zu beachten, dass Entscheidungen nicht-rational getroffen werden und die Auswirkungen auf den Entscheidungsprozess zu untersuchen sind. Kaplan sieht Gründe dafür darin, dass kognitive Rahmen dem Management erleichtern, Unklarheiten in der Interpretation der Umwelt und den Signalen von Veränderungen, die auf

---

[219] Vgl. Elbanna/Child (2007), S. 561.
[220] Vgl. Courtney et al. (1997), S. 73 f.
[221] Vgl. Welge/Al-Laham (2012), S. 170.
[222] Vgl. Tiberius/Rasche (2011), S. 304.
[223] Vgl. Seidl/Werle (2011), S. 288 f.
[224] Vgl. Liebl (2002), S. 173.

vielen Informationen beruhen, zu vereinfachen[225]. Ihre Untersuchungen von Entscheidungsfindungsprozessen unter Unsicherheit kamen zu dem Ergebnis, dass konkurrierende Meinungen und Auseinandersetzungen helfen können, Ideen zu überprüfen und potentielle Voreingenommenheit auszugleichen. In einer Gruppenentscheidung kann ein kontrovers geführter Entscheidungsprozess zu mehr Sicherheit in der Entscheidungsfindung führen[226]. Weitere Maßnahmen, um die Routinen in der Entscheidungsfindung zu durchbrechen sind die Neubesetzung des Topmanagements oder das Zulassen einer autonomeren Entscheidungsfindung im Unternehmen[227].

Weiterhin ist es in einer dynamischen und komplexen Umwelt, die dem Entscheider unbekannt ist, zunehmend schwieriger, strategische Entscheidungen bezüglich einer Positionierung wie nach Porter zu treffen. Hinzu kommt, dass die begrenzte Fähigkeit zur Rationalität Positionierungen ohnehin erschweren. Gavetti et al. beschäftigten sich mit der Entscheidungsfindung basierend auf Analogien, die in dynamischen Umwelten einen sinnvollen Ansatz zur Entscheidungsfindung bieten können[228]. Dabei denkt das Management an eine vergleichbare Situation, von der es gehört oder sie selbst erlebt hat. Der Vergleich kann in der Vergangenheit liegen, in einer anderen Branche oder einer anderen Wettbewerbssituationen wie Sport oder Krieg. Der Ansatz der Mustererkennung und Analogiebildung ist eine beliebte Methode für das Management zur Entscheidungsfindung in einer sich schnell wandelnden Umwelt[229]. Gavetti/Levinthal zeigen, dass durch ein Verschieben oder Erneuern der gedanklichen Bezüge zur Vergangenheit erst Neues gelernt werden kann. Im organisationalen Kontext sollte der Nutzen von Erfahrungen und von Überlegungen genutzt werden[230].

Hugh/White stellen fest, dass Managemententscheidungen in einer dynamischen Umwelt nicht einem vollständig rationalen Prozess unterliegen sollten. Damit ist gemeint, dass nicht bei allen Entscheidungen ein ausreichendes Maß an Informationen vorliegen kann. Zumal das Streben nach einer vollständigen Informationsgrundlage dadurch flankiert wird, dass dies den gesamten Entscheidungsprozess verlangsamt, was sich negativ auf die Ergebnisse des Unternehmens auswirkt[231]. Stattdessen sollte auf Chancen geachtet werden, um damit die

---

[225] Vgl. Kaplan 2008, S. 729.
[226] Vgl. ebd., S. 745.
[227] Vgl. ebd., S. 747.
[228] Vgl. Gavetti et al. (2005), S. 707 f.
[229] Vgl. Gavetti et al. (2005), S. 693.
[230] Vgl. Gavetti/Levinthal (2000), S. 133 f.
[231] Vgl. Baum/Wally (2003), S. 1123.

mangelnde Informationsgrundlage auszugleichen[232]. Rationale Entscheidungsprozesse sind jene, die mit Hilfe von möglichst vollständigen Informationen in einer sehr analytischen Vorgehensweise zu einer Entscheidung kommen. Außerdem entsprechen sie formaler Planung und folgen der Gesamtstrategie[233].

Baum/Wally stellen weiterhin fest, dass in einer dynamischen Umwelt das Wachstum eines Unternehmens höher ist, wenn strategische Entscheidungen schneller getroffen werden können. Deswegen argumentieren sie, dass strategische Prozesse zentral gesteuert werden sollten und moderne Informationssysteme und ein aufmerksamer Blick im Unternehmen genug Sicherheit für vernünftige Entscheidungen geben. Weiterhin fördern dezentralisierte operative Entscheidungen die Motivation der Mitarbeiter zu neuen Strategien und Initiativen beizutragen[234]. Mit den Untersuchungen erweitern sie die Erkenntnisse von Eisenhardt, nach denen schnelle Entscheidungen zu überlegener Unternehmensleistung in dynamischen Umwelten führen können. Eisenhardt stellt dazu fest, dass die Entscheidungen entgegen der Erwartung auf mehr Informationen gestützt sind und aus einer breiteren Auswahl an Alternativen gewählt werden[235]. Auch Mintzberg/Westley sehen in schnellen Entscheidungen im Kontext dynamischer Umwelten den richtigen Ansatz[236].

Ein längeres Warten auf Informationen kann sich in dynamischen Umwelten als nutzlos erweisen. Baum/Wally geben zu Bedenken, dass schnelle Handlungsentscheidungen auf neuen Märkten mit einem Ungleichgewicht der angemessene Schritte sein kann, wenn zusätzlich die Fähigkeit zu erhöhter Flexibilität gefördert wird. Mit erhöhter Flexibilität ist es möglich, eine Fehlentscheidung ebenso schnell zu anzupassen und damit ein organisationales Lernen zu erreichen[237]. Zudem wird auch gefordert, dass das Management nicht zu allen Fragen eine Entscheidung liefern muss, da diese, wie gezeigt, selten auf ausreichender Informationsbasis getroffen werden kann, sondern dass das Management ein Experimentieren, Ausprobieren und Lernen bei Entscheidungen zulässt[238].

---

[232] Vgl. Hough/White (2003), S. 486.
[233] Vgl. ebd., S. 482.
[234] Vgl. Baum/Wally (2003), S. 1123.
[235] Vgl. Eisenhardt (1989), S. 543.
[236] Vgl. Mintzberg/Westley (2001), S. 93.
[237] Vgl. Baum/Wally (2003), S. 1110.
[238] Vgl. Furr/Dyer (2014), S. 84.

4.7 Zusammenfassende Betrachtung

Auf den vorgestellten Handlungsebenen des Managements konnte eine strategische Handhabung von Diskontinuitäten festgestellt werden.

Die strategische Planung ist dezentralisierter, kurzfristiger angelegt, wird häufiger geprüft und fokussiert sich dabei eher auf kritische Kennzahlen. Langfristige Strategieelemente sind dagegen Vorhaben und Visionen. Tools und Methoden wie die Roadmap oder die Szenariotechnik unterstützen die Planung. Experimentieren und organisationales Lernen werden durch Konzepte wie die strategische Innovation gefördert.

Organisationale Wandlungsfähigkeit wird durch Wissen, Wollen und Können sowie den Führungsstil bestimmt. Erreicht wird sie durch die Gestaltung der Unternehmenskultur sowie dem sozialen, politischen und symbolischen Verhalten der Unternehmensmitglieder. Wandel ist unter Diskontinuitäten unter anderem in Bezug auf Kultur, mentale Modelle, Prozesse und Strukturen notwendig und erfordert Flexibilität, Vielfalt, Autonomie, Risikobereitschaft und Teilbereitschaft. Das strategische Management ist also gefordert eine entsprechende Unternehmensgestaltung zu fokussieren.

Innovationen sind ein weiterer Teilbereich des Managements von Diskontinuitäten. Mit ihr gehen meist Risiken einher, die durch die Gestaltung des Innovationsprozesses kontrolliert werden können. Mit einem offenen Innovationsansatz lassen sich bestimmte Teile des Innovationsprozesses öffnen und erleichtern so die Überwindung von Investitionshürden. Er ermöglicht Zugang zu externem Wissen und Ressourcen und trägt zur Flexibilisierung bei. Durch Innovationen kann das Management langfristige Wettbewerbsvorteile erzielen. Die Herausforderung für das Management liegt in dem Vermögen, die angemessene Investitionsbereitschaft zu wählen. Als gewinnbringende Vorteile sind die Positionierung als Pionier sowie die Etablierung neuer Märkte und deren Regeln zu sehen. Alternativ sind Imitationsstrategien wählbar.

Eine weitere Möglichkeit der Flexibilisierung und Anpassung sind Netzwerke, da der Zugriff auf externe Ressourcen ermöglicht wird. Zudem sind Netzwerke in Bezug auf den Zugang zu Informationen hilfreich. Das Shareholder-Management ist eine proaktive Form des Managements von Diskontinuitäten zur Beeinflussung unternehmensexterner Variablen.

Durch das Risikomanagement wird der Einfluss von Risiko auf die Unternehmensziele gesteuert. Durch das Risikoportfolio wird das Investitionsportfolio dem risikoverhalten des

Unternehmens angepasst. Mit der Ableitung von Risikostrategien kann zur Verbesserung der Wettbewerbssituation ein Risikostrategiemix festgelegt werden.

Zuletzt wurde die Entscheidungsfindung betrachtet. Es kann festgestellt werden, dass zentralisierte strategische Entscheidungen und dezentralisierte operative Entscheidungen im Management von Diskontinuitäten angestrebt werden sollten. Zudem können Entscheidungen nie auf einer vollkommen vollständigen Informationsgrundlage gefällt werden, weswegen schnelle Entscheidungsfindungen bevorzugt werden. Trotz des langfristig bindenden Charakters von strategischen Entscheidungen gibt es Möglichkeiten, Entscheidungen flexibel zu gestalten.

In sich schnell wandelnden Märkten sind einfache und schnell anpassbare, jedoch nicht komplett unstrukturierte Unternehmensroutinen effektiv. Neues Wissen soll schnell gewonnen werden. Weiterhin gewinnen Aktivitäten zur Gewinnung von Erfahrungswerten gegenüber vertieften Analysen an Bedeutung. Je besser die Routinen veränderbar sind, als desto effektiver gelten sie. Als nachteilig ist zu sehen, dass die Prozesse instabiler sind und die Ergebnisse weniger vorhersagbar. Das finden neuer Lösungswege wird jedoch eingeschränkt durch die beschränkte Kognition des Individuums[239]. Hier können Kreativitätstechniken einen Beitrag zum Management leisten.

Nach Eisenhardt/Martin liegt in der Gestaltung von Dynamic Capabilities selbst noch kein Ausgangspunkt zur Erlangung von langfristigen Wettbewerbsvorteilen. Dynamic Capabilities sind demzufolge notwendig aber nicht ausreichend. Die spezielle Ressourcenkonfiguration ist dagegen das entscheidende Kriterium für langfristige Wettbewerbsvorteile[240].

Die Handlungsebenen zeigen, dass strategisches Management proaktive Möglichkeiten hat, um Diskontinuitäten zu beeinflussen. Dazu gehören Innovationen und Shareholder-Management. Mit der langfristigen Verbesserung von Anpassungsfähigkeiten werden die Reaktionsfähigkeiten des Unternehmens verbessert.

Zur Kritik der dargestellten Lösungsansätze äußert Liebl, dass die Formulierung von Zielen, wie z. B. Flexibilität eines Unternehmens, sehr unpräzise ist und sich daraus nur schwer Operationen ableiten lassen. Dies kann an dem Ziel Slack-Bildung im Sinne der Flexibilität verdeutlicht werden: Für gewöhnlich werden Slacks zur Flexibilisierung aufgebaut, jedoch ist daran die Frage geknüpft, für welche Verwendungszwecke sie eingesetzt werden dürfen. Nur wenn die Ressourcen frei allozierbar sind, handelt es sich um wirkliche Flexibilität. Das ist

---

[239] Vgl. Gavetti (2005), S. 600.
[240] Vgl. Eisenhardt/Martin (2000), S. 1117.

insofern wichtig, als dass neue Entwicklungstrends quantitativ noch nicht erfasst sind und die Bewertung der Ressourcenallokation kaum möglich ist. Weiterhin sind reine Anpassungsstrategien zu langsam, wenn die Geschwindigkeit von Veränderungen weiter zunimmt. Eine Lösung wäre zum Beispiel eine verbesserte Antizipation[241].

---

[241] Vgl. Liebl (2002), S. 180.

5 Strategische Konzepte in Verbindung mit dem Management von Diskontinuitäten

5.1 Konzept der lernenden Organisation

Wie bereits gezeigt ist in dynamischen Umwelten das wiederholte Erneuern von Routinen durch Mechanismen des organisationalen Lernens notwendig. Ebenso sind ist Artikulation von Wissen, z. B. durch gemeinschaftliche Diskussionen, Nachbesprechungen und Prozesse der Leistungsbewertung, notwendig, um Verknüpfungen herstellen zu können zwischen der Ausführung von Aufgaben und den Ergebnissen. Damit wird die Mehrdeutigkeit von Situationen gesenkt, Anpassungen von Routinen können erfolgen und der Bedarf an internen Veränderungen wird besser sichtbar gemacht[242]. Lernprozesse stellen jedoch stets eine Investition dar, z. B. in Hinsicht auf zeitliche Ressourcen des Managements und auf finanzieller Ebene. Trotz der weiterhin oft zu betrachtenden Opportunitätskosten gegenüber Produktionszeiten sollten diese Investitionen jedoch genommen werden[243]. Fehlt dem Unternehmen die Anpassung durch organisationales Lernen, veralten die vorhandenen Erfahrungen und das Unternehmen läuft Gefahr, sich in eine Kompetenzfalle zu bewegen und schließlich im Wettbewerb zu scheitern[244].

Die lernende Organisation bildet ein Konzept, das sich durch ständiges Lernen verbessert und abseits von alten, bürokratischen Organisationsformen steht. Kernprinzipien sind Lernen aus Fehlern, wiederholte Reflexion, Lernen aus erster Hand sowie Bottom-Up-Strategien, Verbreitung von Wissen und das Suchen nach Wissen außerhalb der Organisation. Weiterhin ist sie dezentralisiert, fördert offene Kommunikation und motiviert zur Teamarbeit. Hierarchien werden durch Kollaborationen ersetzt und die hervorstechenden Werte sind Risikobereitschaft, Ehrlichkeit und Vertrauen. Es wird davon ausgegangen, dass das Lernen aus Erfahrung einem Unternehmen mehr Vorteile verschafft als eine unreflektierte Anpassung an die Umwelt. Die lernende Organisation ist in der Lage, aus einer sich schnell wandelnden Umwelt Vorteile zu generieren[245].

Senge setzt als Ausgangspunkt seiner Vorstellung von der lernenden Organisation ein systemisches Denken, das ein holistisches Denken ist. Gemeint ist damit eine Vernetzung von

---

[242] Vgl. Zollo/Winter (2002), S. 341 ff.
[243] Vgl. ebd., S. 344 ff.
[244] Vgl. Barnett/Hansen (1996), S. 153.
[245] Vgl. Mintzberg et al. (2009), S. 228 f.

Problemen, die immer Teil eines größeren Problems sind. Davon ausgehend wird geschluss-folgert, dass keine korrekten Lösungen zu Problemen existieren. Eine Methode, die Vernet-zung in ein Management zu überführen, besteht darin, größere Teile in kleinere, beherrschba-re Teile zu zerlegen. Probleme auf einer höheren Ebene zu denken ermöglicht wiederum, Muster zu erkennen und fundamentalere Lösungen zu finden[246]. Auf die Thematik bezogen, lassen sich so aus einzelnen Diskontinuitäten Muster erkennen, die langfristiger wirksame Handlungsableitungen zulassen.

Den Schlüssel zu systemischem Denken erkennt Senge in fünf Disziplinen. Sie bestehen aus (1) persönlicher Selbstverbesserung zur Stärkung der individuellen Wahrnehmung, (2) mentalen Modellen zum Reflektieren des eigenen Denkens über Beziehungen zu anderen, (3) geteilten Visionen zur Schaffung eines Gemeinschaftssinn und zur Bündelung von Energien, (4) Lernen im Team zur Steigerung der Verbundenheit und (5) Denken in Systemen zur ganzheitlichen Betrachtung von Problemen[247].

In Anlehnung an Mintzberg formuliert Senge: „The key is not getting the right strategy but fostering strategic thinking"[248]. Senge schließt sich also der emergenten Entwicklung von Strategien an. Zudem begreift Senge das Konzept der Lernenden Organisation als Vertiefung des Strategiegedankens. Das Management ist nicht nur gefragt, eine gut entwickelte Strategie und Leitlinien zu entwerfen, sondern muss diese kontinuierlich verbessern, z. B. mittels einer Szenari-oanalyse[249]. Die lernende Organisation befindet sich also in einem ständigen Wandel.

Jedoch wird das Konzept auch kritisiert aufgrund einer fehlenden vollständigen theoretischen Basis. Das Konzept zieht seine Erkenntnisse eher aus der theoretischen Basis der Systemtheorie als weiteren zu beachtenden Theorien. Im Rahmen eines Führungskonzepts sind Theorien der Führung und Macht, die auch in kleinen Gruppen relevant sind, nicht beachtet[250]. Auch sind Teile des Konzepts wie die Empfehlung der Abschaffung von Hierarchien selbst nicht holistisch gedacht, da das Maß an Hierarchien im jeweiligen Kontext gesehen werden muss[251].

Ein weiteres Konzept der lernenden Organisation stammt von Probst. Er unterscheidet in seinem Konzept Anpassungslernen, Veränderungslernen und Prozesslernen. Das Anpassungs-lernen bezieht sich auf die Organisationsmitglieder, die Veränderungen der Umwelt erkennen und Reaktionsstrategien ableiten und implementieren. Veränderungslernen bezeichnet das

---

[246] Vgl. Flood (1998), S. 260 ff.
[247] Vgl. Senge (1997), S. 268.
[248] Senge (1990), S. 11.
[249] Vgl. ebd., S. 11.
[250] Vgl. Caldwell (2012), S. 51 f.
[251] Vgl. Flood (1998), S. 271 f.

Hinterfragen organisationaler Normen und Ziele und resultiert in neuen Handlungsrepertoires. Prozesslernen bezeichnet schließlich das Beobachten und Neugestalten von routinierten Abläufen. Die Eckpunkte zur Beeinflussung des Lernens sind Strategien, die das Lernen durch Szenariotechniken, Unternehmensspiele und Controlling leiten. Weitere Eckpunkte sind Gestaltung von Organisationsstrukturen, Kultur und Personal. Das Konzept wird als praxisnah gesehen[252].

5.2 Konzept einer dynamischen Strategie

Markides beschreibt als dynamische Strategie folgendes Konzept[253]: Ein Unternehmen sollte zuerst eine unterscheidbare strategische Position in einer Branche einnehmen. Diese Position sollte zur attraktivsten der Branche werden durch beispielsweise Effizienzsteigerungen. Während die Position verteidigt wird, sollte kontinuierlich nach neuen strategischen Positionen gesucht werden. Ist eine neue strategische Position entdeckt, sollten zunächst beide Positionen besetzt werden. Während die eine strategische Position veraltet und schrumpft, bewegt sich das Unternehmen hin zur neuen Position. Dieser Zyklus wird wiederholt durchlaufen (siehe Abbildung 5).

Diesem Konzept von Markides folgend darf nicht der Fehler gemacht werden, andere strategische Aufgabenstellungen zu vernachlässigen. Das Managementaufgabenfeld wird jedoch dahingehend komplexer, als dass das strategische Portfolio gemanagt und Synergien der Geschäftsfelder ausgeschöpft werden müssen. Ursprünglich angenommene Ausgangsbedingungen von Strategien müssen regelmäßig überprüft werden. Der Wechsel zwischen dem Verbessern der vorhandenen Strategie und der Suche nach neuen Strategien verbindet das Konzept der Positionierung des Market Based View mit der organisationalen Ambidextrie, die in einem späteren Kapitel dargestellt wird. Für das Management von Diskontinuitäten ergibt sich so ein Verständnis davon, dass Positionierungen nicht auf Dauer erfolgreich sein können, sondern sich dynamisieren müssen. Allerdings handelt es sich lediglich um ein grobes theoretisches Konzept.

---

[252] Vgl. Eschenbach et al. (2003), S. 242.
[253] Vgl. Markides (1999), S. 63.

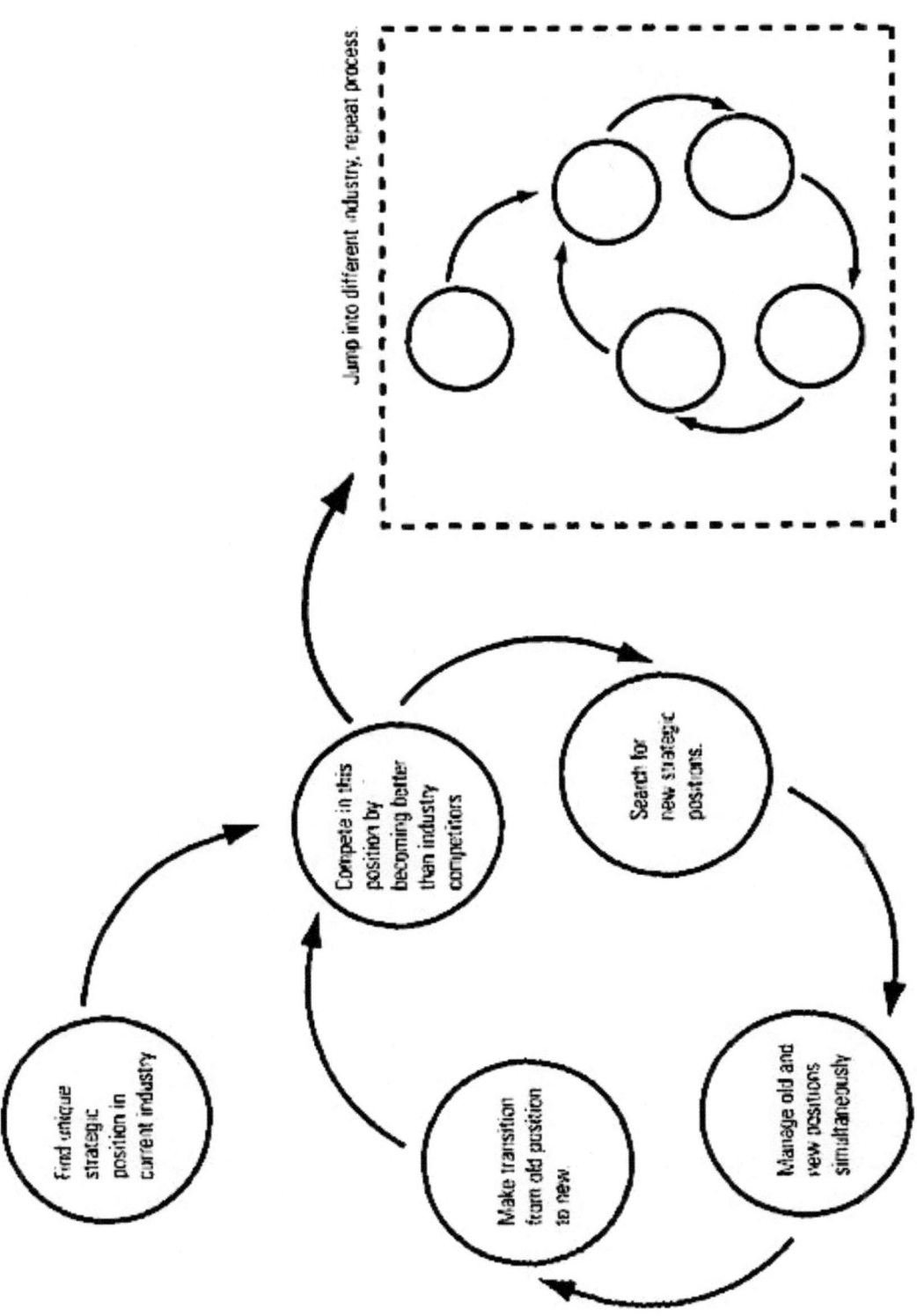

Abbildung 5: Dynamische strategische Positionierung
Quelle: Markides, C. C. (1999), S. 62.

5.3 Die geplante Evolution

Das Konzept der geplanten Evolution nach Kirsch strebt an, die Offenheit der Zukunft in die strategische Planung miteinzubeziehen. Der Grundgedanke der Evolution entzieht sich aus der vergleichenden Annahme, dass, wie bei biologischen Systemen, ein Unternehmen als soziales System sich in einer veränderlichen Umwelt behaupten muss. Um mit veränderten Umständen zurechtkommen zu können, muss das System lernfähig sein. Weitere wichtige Eigenschaften des Systems beziehen sich auf Handlungsfähigkeit und Empfänglichkeit[254]. Empfänglichkeit beziehungsweise Responsivität meint die Fähigkeit, die Welt auch in anderen Kontexten wahrzunehmen als den bisherigen. Erzielt wird damit die Überwindung von Betriebsblindheit mit der Folge einer Entwicklung beziehungsweise Anpassung[255]. Die strategische Führung ist als eine lenkende, gestaltende und entwickelnde Einflussnahme auf die Unternehmensentwicklung zu sehen, da Unternehmenswandel nur mit begrenzter Kontrollierbarkeit stattfinden kann[256]. Zusätzlich zur Binnenperspektive beachtet die Außenperspektive des Konzepts die politische Einflussnahme auf die Unternehmensumwelt[257]. Dies kann zur Verbesserung der Wettbewerbssituation durch Shareholder-Management genutzt werden oder auch im Rahmen einer nachhaltigen Unternehmensführung.

Grundlage der Strategie ist eine vereinfachte Gesamtsicht (siehe Abbildung 6). Diese beinhaltet abstrakte und weitreichende Vorstellungen über die Entwicklung einer Organisation. Damit sollen erste Wandlungsprozesse gesteuert werden. Ausdruck findet die grobe Planung in Rahmenkonzepten, Leitbildern und strategischen Programmen. Das Konzept wird regelmäßig hinterfragt, da neue Ideen und Werte ständigen Einfluss ausüben. Durch akute Ereignisse im alltäglichen Handeln der Organisation entstehen neue Fakten und Erfahrungen, an denen sich das Unternehmen orientieren kann. Die Reflexion auf die konzeptionelle Gesamtsicht geschieht somit in einzelnen Schritten. Folgende Schritte werden wiederum ausgelöst durch Mängel beziehungsweise Störungen. Somit ergibt sich eine induktive und deduktive Entwicklung einer konzeptionellen Gesamtsicht[258]. Das Denken in Szenarien statt in Prognosen entspricht der Formung neuer Ideen der deduktiven Orientierung des Konzepts. Synonym ließe sich der Ausdruck Denken in verschiedenen möglichen Welten verwenden[259].

---

[254] Vgl. Bilgeri (2001), S. 17.
[255] Vgl. Kirsch (1997), S. 182.
[256] Vgl. Bilgeri (2001), S. 18.
[257] Vgl. ebd., S. 19.
[258] Vgl. Seidl/Werle (2011), S. 296 ff.
[259] Vgl. Kirch (1997), S. 537.

Es handelt sich also um ein dynamisches Managementkonzept, das die Entwicklungsrichtung einer Organisation grob anhand eines Gesamtkonzepts verfolgt, dieses aber vor dem Hintergrund neuer Ideen und Werte sowie akuter Ereignisse ständig weiterentwickelt[260].

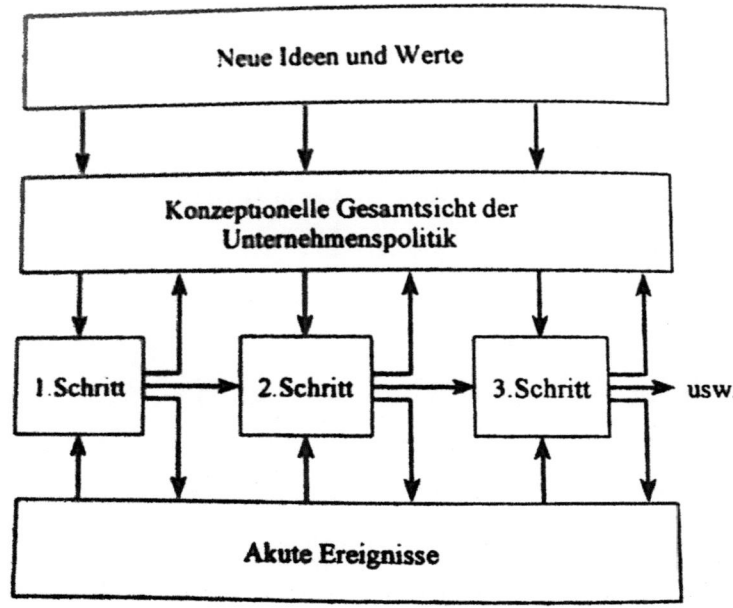

Abbildung 6: Konzept der geplanten Evolution
Quelle: Kirsch, W. (1997), S. 46.

5.4 Organisationale Ambidextrie

Die Idee der organisationalen Ambidextrie ist ein jüngeres Feld in der Managementforschung und häufig zu finden in der Literatur. Sie besteht darin, dass der langfristige Erfolg einer Organisation davon abhängt, ob sie in der Lage ist, bestehende Ressourcen und Kompetenzen auszunutzen und gleichzeitig grundlegend neue Ressourcen und Kompetenzen zu erschließen. Damit werden die Konzepte der Exploration und Exploitation angesprochen[261]. Die individuelle Fähigkeit des Managements, sich zwischen mehreren Gedankenwelten hin und her zubewegen, kann somit unter veränderlichen Umweltbedingungen einen wichtigen Beitrag zur Innovationsfähigkeit und zum Erfolg eines Unternehmens leisten[262]. Organisationale Ambidextrie ist als eine Dynamic Capability zu bezeichnen[263]. Am Beispiel des Geschäftsmodells von Polaroid konnte eine Studie von Tripsas/Gavetti zeigen, dass das Management

---

[260] Vgl. Seidl/Werle (2011), S. 296 ff.
[261] Vgl. Raisch et al. (2009), S. 685.
[262] Vgl. Laureíro-Martinez (2015), S. 320.
[263] Vgl. O'Reilly et al. (2009), S. 94.

daran gescheitert ist, diese Fähigkeit zu nutzen und das auf analoger Fotografie bestehende Geschäftsmodell in einen digitalen Kontext einzubauen[264].

Nach Tushman/O'Reilly beinhaltet organisationale Ambidextrie flache Hierarchien und dezentralisierte, autonome Strukturen. Teilweise existieren statt der strategischen Planung auf Führungsebene nur eine Leistungskontrolle sowie das Vorgeben einer Vision. Unterstützt wird der Informationsaustausch zwischen den Management-Ebenen. Die Unternehmensstrategie entsteht nach dem Bottom-Up-Prinzip[265].

Am Beispiel des Unternehmens ABB zeigen Tushman/O'Reilly, dass die einzelnen Profitcenter mit einer Durchschnittsgröße von 50 Mitarbeitern ähnlich wie separate Kleinunternehmen arbeiten. Das Unternehmen HP lässt einzelne Divisionen mit einer Größe von mehr als 1000 Mitarbeitern grundsätzlich aufteilen. Dies verfolgt den Gedanken, dass durch die erhöhte Autonomie verantwortungsvoller und risikofreudiger gehandelt wird. Fehlertoleranz drückt sich durch die 7-zu-3-Formel aus, nach der es besser ist, schnelle Entscheidungen zu treffen, bei denen eine 7-zu-3-Quote toleriert wird richtig zu liegen, anstatt Zeit zu verschwenden, die perfekte Lösung zu finden. Zudem sollen die autonomen Teile enger an den Bedürfnissen der Kunden orientiert sein und somit schneller auf Veränderungen reagieren können[266].

Weiterhin stellen Tushman/O'Reilly fest, dass die organisationale Ambidextrie multiple Kulturen zulässt. Gemeinsame Werte bestehen in Offenheit, Autonomie, Initiativen und Risikobereitschaft. Die gemeinsame Vision soll eine gemeinsame Kultur anregen und angemessene Variationen davon in den einzelnen Geschäftsbereichen zulassen. Schließlich soll das untere Management ermutigt werden, Lösungen zu äußern und mutig genug sein, Fehler zu machen. Die Senior Manager werden als Verkörperung der Unternehmenskultur gesehen und sollen diese Werte zur organisationale Wandlungsfähigkeit weitertragen. Sie zeigen ständige Lernbereitschaft und die Bereitschaft umzudenken und sich auf zukünftige Veränderungen einzustellen[267].

Tushman/O'Reilly vergleichen die Entwicklung von Unternehmen mit der biologischen Evolution bestehend aus den Prinzipien Variation, Selektion und Weitergabe[268]. Darwins Erkenntnisse aus der biologischen Evolution, lassen sich auch auf Unternehmen anwenden, denn „neither strenght nor intelligence guarantess survival. Only adaption can do that,

---

[264] Vgl. Tripsas/Gavetti (2000), S. 1159.
[265] Vgl. Tushman/O'Reilly (1996), S. 27.
[266] Vgl. ebd., S. 25 f.
[267] Vgl. ebd., S, 25 ff.
[268] Vgl. ebd., S. 12 f.

whether for firms or flora and fauna"[269]. Allerdings weisen O'Reilly et al. darauf hin, dass es sich eher um eine qualitative Veranschaulichung der Theorie handelt und die Gründe für ein Scheitern sowohl in der biologischen Evolution als auch in der Unternehmenswelt bedeutend vielfältiger sind, als bisherige Theorien widergeben[270].

In der Praxis zeigt sich, dass Manager Chancen nicht verfolgen oder explorieren, da sie sich auf Kosten langfristiger Gewinne eher auf kurzfristige Gewinne konzentrieren[271]. Es muss also auch hier ein Training des Managements stattfinden, da Strategien auf Basis individueller Entscheidungen entstehen[272]. Erfolgreiche Investitionen in Forschung und Entwicklung sind unweigerlich auch mit höherem Ressourceneinsatz verbunden und wirken sich somit kurzfristig negativ auf die vom Manager zu verantwortende Bilanz aus[273]. Das Management muss also Widersprüche in den Zielen ausbalancieren können.

Während das Modell der organisationalen Ambidextrie als ein Modell gesehen wird, das praxisrelevant und übertragbar ist, bleibt die konkrete Formulierung von Prozessen und einzelner Prinzipien problembehaftet[274]. Gefahren bestehen darin, die Prozesse der Exploration und Exploitation in der Praxis nicht richtig einzuordnen, bei Verwendung von Second-Order-Competencies auf altbewährte Muster zurückzugreifen anstatt neue Wege zu finden, und schließlich ist nicht erklärt, wie Exploration und Exploitation simultan in Unternehmen verwirklicht werden können beziehungsweise wie bei getrennten Unternehmenseinheiten eine Reintegration funktionieren kann[275]. Allgemein lässt sich zeigen, dass mit organisationaler Ambidextrie ein höherer Output an Innovationen verbunden werden kann[276].

In der Forschung zeigen sich vier unterschiedliche Positionen. Es wird geforscht, ob explorative und exploitative Organisationseinheiten getrennt oder integrativ arbeiten sollten. Weiterhin besteht Uneinigkeit darüber, ob sich Ambidextrie auf individueller Ebene oder auf organisationaler Ebene bildet. Zudem hängt es von mehreren Faktoren ab, ob explorative und exploitative Vorhaben sequentiell oder simultan ablaufen sollen. Schließlich werden externe und interne Prozesse betrachtet, die zu neuem Wissen im Zuge der Exploitation führen[277]. Auch ist nicht möglich zu zeigen, wie konkret der Ausgleich zwischen Exploration und

---

[269] O'Reilly et al. (2009), 75.
[270] Vgl. O'Reilly et al. (2009), S. 96 f.
[271] Vgl. Laureiro-Martínez (2015), S. 324.
[272] Vgl. ebd., S. 323.
[273] Vgl. Mudambi/Swift (2014), S. 141 f.
[274] Vgl. Durisin/Todorova (2012), S. 53 f.
[275] Vgl. ebd., S. 63 ff.
[276] Vgl. Tushman et al. (2010), S. 1331.
[277] Vgl. Raisch et al. (2009), S. 685 f.

Exploitation stattfinden muss[278]. Nach Dixon et al. können Exploitation und Exploration synchron und asynchron stattfinden. Dies verdeutlichen sie durch ihr Modell des Dynamic Capabilities Lifecycle[279].

Schließlich hat die Idee der organisationalen Ambidextrie einen weiterführenden Einfluss auf die Forschung in Bezug auf das Management von Paradoxien. Dabei geht es darum, dass sich zwei gegenüberstehende Ansätze, die sich möglicherweise ausschließen, in einem System verbunden werden. Im Rahmen von Diskontinuitäten ist so eine erhöhte Flexibilisierung möglich. Smith/Tushman entwerfen ein Modell zur Veränderung der kognitiven Leistungsfähigkeit, um strategische Widersprüche in Senior Management Teams auszubalancieren[280].

5.5 Kritische Würdigung

Im Rahmen dieser Studie wurde bereits dargestellt, welche Probleme mit dem Management von Diskontinuitäten verbunden sind. Das Management hat einerseits Schwierigkeiten, Diskontinuitäten früh zu entdecken, sie zu bewerten und Reaktionsstrategien zu formulieren. Andererseits ist das Management vor Probleme in der Implementierung gestellt wie Widerstand gegen Veränderungen beim Personal. Die vorgestellten Managementkonzepte sollen dahingehend geprüft werden, welche Ansätze zur Bewältigung der Probleme sie beitragen.

Das Konzept der lernenden Organisation soll organisationales Lernen umsetzen. Dazu soll eine Kultur des Reflektierens, Lernen aus Fehlern, Teamarbeit, Kommunikation, Autonomie und Risikobereitschaft gefördert werden. Hierarchien werden verringert zu Gunsten von Autonomie und Selbstbestimmung. In der Studie konnte bereits gezeigt werden, dass diese Eigenschaften Bestandteilen des Managements von dynamischen Umwelten entsprechen. Auch das Überdenken von Schwächen der angewandten Modelle im Management trägt zur Anpassungs- und Innovationsfähigkeit bei. Der Ansatz der Dynamic Capabilities zur Entwicklung langfristiger strategischer Wettbewerbsvorteile ist vorhanden.

Mit der dynamischen Strategie entwickelt Markides ein Modell, das den Ablauf einer dynamischen Entwicklung einer Positionierungsstrategie darstellt. Das Modell verbindet die Ausnutzung der bestehenden Positionierung mit der Suche und Entwicklung einer zukünftigen Positionierung zur Realisierung von Wettbewerbsvorteilen. Das Konzept widerspiegelt Anpassung und Innovation.

---

[278] Vgl. Greve (2007), S. 968.
[279] Vgl. Dixon et al. (2014), S. 199 ff.
[280] Vgl. Smith/Tushman (2005), S. 525 ff.

Weiterhin ist die geplante Evolution ein Konzept, das die Offenheit der Zukunft berücksichtigt. Die Strategie ist anpassungs- und innovationsfähig aufgrund deduktiver und induktiver Eigenschaften. Auch hier ist das Management leitend tätig durch die Entwicklung einer entsprechenden Kultur und reflektierenden Gedankenmodellen. Betriebsblindheit soll verhindert und organisatorischer Wandel gefördert werden. Die Planung ist eher als eine grobe Vorgabe zu sehen, die anhand von Szenarien entwickelt wird.

Schließlich ist die organisationale Ambidextrie ein Konzept zur Realisierung von Wettbewerbsvorteilen unter der Bedingung paradoxer Zielvorgaben. Üblicherweise verfolgen Innovationstätigkeiten und die Verbesserung bestehender Prozesse gegensätzliche Ziele, da Innovationen einen radikaleren Wandel bewirken können als Verbesserungen. Das strategische Management soll jedoch beide Sichtweisen integrieren, um langfristige Wettbewerbsvorteile zu generieren und gleichzeitig vom Wert vorhandener Ressourcen so gut wie möglich zu profitieren. Voraussetzung ist ebenso ein Denken in mehreren Modellen.

Die vorgestellten Modelle helfen dabei, Diskontinuitäten und die Handlungsebenen eines Managements von Diskontinuitäten besser zu verstehen. Aber auch wenn Planung dazu geeignet ist, das Blickfeld des Managements einzuengen und Diskontinuitäten zu verkennen, bleibt die Planung Bestandteil des strategischen Managements. Der veränderte Denkansatz kann nun aber dazu beitragen, das Diskontinuitätenmanagement nach Macharzina auf den Ebenen der Unternehmenskultur, der persönlichen Eigenschaften des Managements, der Organisationsstruktur, der Risiko- und Chancenwahrnehmung, der Wandlungsfähigkeit sowie der Komplexitätsbewältigung umzusetzen. Ein Denken in unterschiedlichen Modellen hat eine Relevanz im strategischen Management, da sich hier Ansätze für organisationales Lernen nach dem 4I-Modell finden lassen.

Allgemein müssen Managementkonzepte vom Management mit Leben gefüllt werden. Das heißt, es ist notwendig, die eigene Kreativität einfließen zu lassen, da ein Konzept eine abstrakte Version der Wirklichkeit darstellt. Eine Umsetzung ist stets kontextgebunden und kann in vereinfachten Modellen nie vollständig den Komplexitätsgrad der Wirklichkeit abbilden. Die Modelle können jedoch Diskurse in Gang bringen und neue Denkweisen anstoßen[281].

---

[281] Vgl. Seidl (2007), S. 214.

6 Fazit

6.1 Zusammenfassung der zentralen Ergebnisse

Die Studie beschäftigte sich mit der Bedeutung des strategischen Managements im Kontext des Managements von Diskontinuitäten. Zunächst wurde festgestellt, dass in der Literatur der Begriff des Diskontinuitätenmanagements kaum zu finden ist. Eine Erklärung hierfür, könnte die Etablierung anderer Ansätze sein, die das Management von Diskontinuitäten beinhalten. Da in der Untersuchung gezeigt werden konnte, dass das strategische Management unter Diskontinuitäten von großer Bedeutung ist, kann das Diskontinuitätenmanagement als ein Teil des strategischen Managements verstanden werden. Allerdings muss klargestellt sein, dass die angewandten Aspekte des strategischen Managements eine veränderliche Umwelt und Diskontinuitäten als Prämisse beachten müssen.

In Bezug auf Diskontinuitäten wurden weiterhin Problemfelder aufgezeigt, die das Management vor Herausforderungen stellt. Die Problemfelder bestehen in persönlichen Eigenschaften des Managements, der Unternehmenskultur, der Organisationsstruktur, Risiko- und Chancenwahrnehmung, Wandelbarkeit und Komplexitätsbehandlung. Zu den Elementen des strategischen Managements wurde weiterhin gezeigt, dass die Planung vor Probleme im Prozess und auf inhaltlicher Ebene gestellt wird. Da es Aufgabe des strategischen Managements ist, langfristige Wettbewerbsvorteile zu generieren, wurden verschiedene Konzepte vorgestellt mit der Fokussierung auf den Ansatz der Dynamic Capabilities, der als Erklärung für Unternehmenserfolg unter Diskontinuitäten herangezogen werden kann. Danach sind Unternehmen erfolgreich, wenn sie es schaffen anpassungs- und innovationsfähig zu sein.

Für ein Management von Diskontinuitäten ist es notwendig, Systeme der strategischen Vorausschau zu implementieren und Reaktionsstrategien in Bezug auf wahrgenommene Signale der Umwelt zu formulieren. Mit verschiedenen Methoden der Zukunftsforschung können mögliche zukünftige Ereignisse in die strategische Planung und das Controlling einfließen. Weiterhin wurde die Verbindung von Dynamic Capabilities, strategischer Vorausschau und organisationalem Lernen hergestellt. Die Fähigkeiten zur Anpassung und Innovation sind notwendig, um zukünftige Wettbewerbsvorteile zu generieren, jedoch erzeugen sie ein Spannungsfeld im Management.

In einem weiteren Abschnitt wurden Handlungsebenen des Managements von Diskontinuitäten untersucht. Die Bedeutung und Möglichkeiten der Planung sind dabei klargestellt und das veränderte Planungsverständnis beschrieben worden. Sie ist flexibler, bezieht sich auf unterschiedliche, nicht prognostizierbare Entwicklungen der Zukunft und wird häufiger in kritischen Variablen geprüft und angepasst. Weiterhin ist mit der organisationalen Wandlungsfähigkeit ein Maß für die Anpassungs- und Innovationsfähigkeit des Unternehmens beschrieben worden. Strategische Gestaltungsebenen sind unter anderem Kultur, Struktur, Prozesse, Hierarchien, Flexibilisierung und Vielfalt. Die Gestaltung von Allianzen und Beziehungen in Netzwerken sind eine weitere Handlungsebene, die strategisch gestaltet werden muss. Strategische Allianzen sorgen für Flexibilität, Zugang zu Ressourcen und Wissen und generieren dadurch einzigartige Wettbewerbsvorteile. Durch das Management von Beziehungen in einem Netzwerk können Informationen erlangt und Umweltentwicklungen in bestimmtem Grad beeinflusst werden. Weiterhin konnte gezeigt werden, dass Innovationen dem strategischen Management zu Vorteilen durch Pionierstrategien und zur Etablierung neuer Märkte mit neuen Regeln verhelfen. Das Risikomanagement ermöglicht schließlich die Erstellung eines Risikoportfolios, das dem gewünschten Risikoverhalten des Unternehmens angepasst werden kann. Zuletzt wurde die Entscheidungsfindung betrachtet und festgestellt, dass strategische Entscheidungen nicht einem rationalen Entscheidungsfindungsprozess unterliegen, sondern auch intuitive und experimentierfreudige Ansätze zu Vorteilen verhelfen, z. B. durch organisationales Lernen.

Zuletzt wurden strategische Konzepte auf die festgestellten Merkmale des Managements von Diskontinuitäten untersucht. Es wurde gezeigt, dass die vorgestellten Konzepte lernende Organisation, dynamische Strategie, geplante Evolution und organisationale Ambidextrie einen Beitrag zur Lösung der Probleme des Managements von Diskontinuitäten leisten.

Es lässt sich sagen, dass die prozessualen und inhaltlichen Elemente des strategischen Managements, z. B. die strategische Planung, unter Diskontinuitäten nicht an Bedeutung für eine erfolgreiche Unternehmensführung verlieren. Es ist teilweise sogar von einer gesteigerten Bedeutung auszugehen, wie das Beispiel des erhöhten Informationsbedarfs zeigt. Im Gegensatz dazu ist jedoch die strategische Planung nicht länger in der Strategiefindung die oberste Entscheidungsgrundlage. Es kommen intuitive und kreative Elemente hinzu. Weiterhin wird auch klar, dass die strategische Planung als Konzept inhaltlich von früheren Konzepten abweicht. Sie ist nicht mehr gleichzusetzen mit der Top-Down-Planung eines hochbürokratischen Prozesses, sondern entwickelt sich zu einem Instrument, das interne Kommunikation fördert, verschiedene unternehmenseigene Fähigkeiten gewinnbringend integriert und organisationale Aktivitäten funktionsübergreifend koordiniert[282].

---

[282] Vgl. Hutzschenreuter/Kleindienst (2006), S. 697.

6.2 Implikationen für die Praxis

Es kann festgestellt werden, dass in einer Umwelt mit steigenden Diskontinuitäten, wie sie heutzutage in vielen Branchen ausgeprägt ist, es ein wesentliches Ziel von Unternehmen ist, mit der Umwelt Schritt zu halten und anpassungsfähig zu sein. Folglich können Unternehmen strategische Vorteile generieren, indem sie lernen, wie Neues nutzbar gemacht werden kann. Dazu müssen Unternehmen einerseits schnell neue Signale erkennen und darauf reagieren können und Fähigkeiten und Ressourcen vorhalten. Sie müssen lernen auch in Bezug auf Prozesse, Geschäftsmodelle und Strategien zu experimentieren. Ein ausgeprägtes Stakeholder-Management ist in einer verbundenen Welt von steigender Bedeutung, um die Auswirkungen von Diskontinuitäten zu verringern. Schließlich steht auch die Mitarbeitermotivation und der Umgang mit Partnern im Mittelpunkt[283].

Wichtig ist in Bezug auf das Management, dass im Kontext von fehlenden Informationen zur zukünftigen Entwicklung von unternehmensrelevanten Variablen strategische Entscheidungen getroffen werden müssen. Dabei sollten die Vorteile von schnellen und intuitiven Entscheidungen genutzt und durch erfahrenes Personal im Entscheidungsprozess unterstützt werden. Schließlich gilt die Erkenntnis, dass auch in einer fehlgeschlagenen Entscheidung eine Chance liegt. In einer Umwelt mit hoher Diskontinuität ist es nötig, Experimente zu wagen und das Risiko eines Scheiterns in Kauf zu nehmen. Gewinnbringend ist das Experiment dann für das Unternehmen, wenn im Rahmen vom Wissensmanagement aus der Dokumentation des Experiments ein Lerneffekt für das Unternehmen als Ergebnis steht[284].

Weiterhin ist die Implementierung von strategischer Vorausschau notwendig, um Diskontinuitäten zu entdecken und daraus Strategien ableiten. Auch ist es wichtig zu wissen, wie stark die Unternehmensumwelt von Diskontinuitäten betroffen ist. Es gibt verschiedene Möglichkeiten, um Diskontinuitäten gewinnbringend zu managen oder in einem alternativen Weg die Unsicherheiten zu reduzieren beziehungsweise die dynamische Unternehmensumwelt zu verlassen oder zu verändern, z. B. durch Innovationen.

Das Management sollte zudem seine Denkmodelle überprüfen. Schulungen zur Verbesserung der persönlichen Eigenschaften scheinen angebracht. Eine weitere Möglichkeit der Verbesserung der Umweltwahrnehmung besteht in der Teilnahme an Management-Treffen zum Austausch über zukünftige Entwicklungen. Die Wege des Managements sollten dann in

---

[283] Vgl. Reeves/Deimler (2011), S. 137.
[284] Vgl. Reeves/Deimler (2011), S. 139.

einem gezielten Management der Risiken und der Wahrnehmung von Chancen resultieren. Kreatives Denken, Wissensmanagement, Flexibilität, Abbau von Hierarchien, verbesserte Kommunikation und Kundennähe scheinen auf allen Ebenen, ein gewinnbringender Beitrag zu sein. Die Gestaltung des Unternehmens, der Strategie und der Umwelt mit Hinblick auf die Zukunft stehen im Mittelpunkt des Managements von Diskontinuitäten.

6.3   Forschungsausblick

Da das Management von Diskontinuitäten an Systemtheorien ansetzt, besteht hier Bedarf zur Integration neuer Forschungsergebnisse. Beispielsweise sind neue Erkenntnisse des Resilienz-Managements einzubeziehen. Weitere Forschungsvorhaben können sich auf das Management von Paradoxien fokussieren. Durch die Zukunftsorientierung des Managements von Diskontinuitäten besteht häufig ein Spannungsfeld zwischen jetzigen Verfahrensweisen und angestrebten Verfahrensweisen. Paradoxien, beispielsweise zwischen Exploitation und Exploration oder Autonomie und Hierarchie, können sich auf weiteren Gebieten des Managements ergeben.

Zudem werden in vielen Konzepten und Begriffen fehlende oder unterschiedliche Operationalisierungen deutlich. In der Studie wurde dies an den Begriffen der Anpassung und der Innovation gezeigt. In der Folge führt dies zu Überschneidungen in den Begriffen und unspezifischen Ableitungen aus Forschungsergebnissen. Zudem erschwert die ungenaue Verwendung weiterführende strategische Analysen wie das Aufstellen von Kosten-Nutzen-Bewertungen, z. B. in Bezug auf Flexibilität. Auch die Dynamik der Unternehmensumwelt ist in unterschiedliche Kontexte eingebettet und findet unterschiedliche Anwendungen in der Literatur. Schließlich lässt sich sagen, dass die Prämisse dynamischer Umweltentwicklungen in manchen Managementstudien nicht integriert ist, woraus sich ein Mangel an Realitätsbezug der Studien ergibt. Hieraus ergibt sich weiterer Forschungsbedarf.

Literaturverzeichnis

Ansoff, I./McDonnell, E. (1990): Implanting Strategic Management, 2. Auflage, Cambridge.

Argyris, C. (1976): Single-Loop and Double-Loop Models in Research on Decision Making, in: Administrative Science Quarterly, Jg. 21, Heft 3, S. 363–375.

Argyris, C. (1977): Double loop learning in organizations, in: Harvard Business Review, Jg. 55, Heft 5, S. 115-125.

Augier, M./Teece, D. J. (2009): Dynamic Capabilities and the Role of Managers in Business Strategy and Economic Performance, in: Organization Science, Jg. 20, Heft 2, S. 410–421.

Baisch, F. (2000): Implementierung von Früherkennungssystemen in Unternehmen, Köln.

Bargh, J. A./Thein, R. D. (1985): Individual Construct Accessibility, Person Memory, and the Recall-Judgement Link. The Case of Information Overload, in: Journal of Personality and Social Psychology, Jg. 49, Heft 5, S. 1129–1146.

Barnett, W. P./Hansen, M. T. (1996): The Red Queen in Organizational Evolution, in: Strategic Management Journal, Jg. 17, Heft Special Issue Summer, S. 139–157.

Baum, J. R./Wally, S. (2003): Strategic Decision Speed and Firm Performance, in: Strategic Management Journal, Jg. 24, Heft 11, S. 1107–1129.

Bilgeri, A. (2001): Das Phänomen Lobbyismus, Lindau.

Bremmer, I. (2014): The New Rules Of Globalization, in: Havard Business Review, Jg. 92, Heft 1/2, S. 103-107.

Caldwell, R. (2012): Leadership and Learning: A Critical Reeximination of Senge's Learning Organization, in: Systemic Practice and Action Research, Jg. 25, Heft 1, S. 39–55.

Chesbrough, H. W. (2003): The Era of Open Innovation, in: MIT Sloan Management Review, Jg. 44, Heft 3, S. 35–41.

Cho, C./Lee, S. (2014): Strategic planning using service roadmaps, in: The Service Industries Journal, Jg. 34, Heft 12, S. 999–1020.

Coates, J. F. (2000): Scenario Planning, in: Technological Forecasting and Social Change, Jg. 65, Heft 1, S. 115–123.

Courtney, H./Kirkland, J./Viguerie, P. (1997): Strategy Under Uncertainty, in: Harvard Business Review, Jg. 75, Heft 6, S. 67–79.

Crossan, M. M./Lane, H. W./Roderick, E. W. (1999): An Organisational Learning Framework: From Intuition To Institution, in: Academy of Management Review, Jg. 24, Heft 3, S. 522–537.

Danneels, E. (2008): Organizational Antecedents Of Second-Order Competences, in: Strategic Management Journal, Jg. 29, Heft 5, 519–543.

Danneels, E. (2012): Second-Order Competences And Schumpeterian Rents, in: Strategic Entrepreneurship Journal, Jg. 6, Heft 1, S. 42–58.

Das, T. K./Teng, B.-S. (2000): A Resource-Based Theory of Strategic Alliances, in: Journal of Management, Jg. 26, Heft 1, S. 31–61.

Das, T. K./Teng, B.-S. (2001): Trust, Control, and Risk in Strategic Alliances: An Integrated Framework, in: Organization Studies, Jg. 22, Heft 2, S. 251–283.

Dixon, S./Meyer, K./Day, M. (2014): Building Dynamic Capabilities of Adaptation and Innovation. A Study of Micro-Foundations in a Transition Economy, in: Long Range Planning, Jg. 47, Heft 4, S. 186–205.

Drucker, P. F. (1998): The Discipline of Innovation, in: Harvard Business Review, Jg. 76, Heft 6, S. 149–157.

Durisin, B./Todorova, G. (2012): A Study of the Performativity of the „Ambidextrous Organizations" Theory. Neither Lost in nor Lost before Translation, in: Journal of Product Innovation Management, Jg. 29, Heft 1, S. 53–75.

Eisenhardt, K. M. (1989): Making Fast Strategic Decisions In High-Velocity Environments, in: Academy of Management Journal, Jg. 32, Heft 3, S. 543–576.

Eisenhardt, K. M./Martin J. A. (2000): Dynamic Capabilities. What Are They, in: Strategic Management Journal, Jg. 21, Heft 10/11, S. 1105–1121.

Elbanna, S./Child, J. (2007): The Influence of Decision, Environmental and Firm Characteristics on the Rationality of Strategic Decision-Making, in: Journal Of Management Studies, Jg. 44, Heft 4, S. 561–591.

Enkel, E./Gassmann, O./Chesbrough, H. (2009): Open R&D and open innovation: exploring the phenomenon, in: R&D Management, Jg. 39, Heft 4, S. 311–316.

Eschenbach, R./Eschenbach, S./Kunesch, H. (2003): Strategische Konzepte. Management-Ansätze von Ansoff bis Ulrich, 4. Aufl., Stuttgart.

Euchner, J./Gnaguly, A. (2014): Business Model Innovation in Practice, in: Research-Technology Management, Jg. 57, Heft 6, S. 33–39.

Flood, R. L. (1998): „Fifth Discipline": Review and Discussion, in: Systemic Practice and Action Research, Jg. 11, Heft 3, S. 259–273.

Furr, N./Dyer, J. H. (2014): Leading Your Team into the Unknown, in: Harvard Business Review, Jg. 92, Heft 12, S. 80–88.

Garcia-Sanchez, J./Mesquita, L. F./Vassolo, R. S. (2014): What Doesn't Kill You Makes You Stronger. The Evolution Of Competition And Entry-Order Advantages In Economically Turbulent Contexts, in: Strategic Management Journal, Jg. 35, Heft 13, S. 1972–1992.

Gavetti, G. (2005): Cognition and Hierarchy. Rethinking the Microfoundations of Capabilties' Development, in: Organization Science, Jg. 16, Heft 6, S. 599–617.

Gavetti, G./Levinthal D. (2000): Looking Forward and Looking Backward. Cognitive and Experiential Search, in: Administrative Science Quarterly, Jg. 45, Heft 1, S. 113–137.

Gavetti, G./Levinthal, D. A./Rivkin, J. W. (2005): Strategy Making in Novel and Complex Worlds. The Power of Analogy, in: Strategic Management Journal, Jg. 26, Heft 8, S. 691–712.

Gilbert, C. G. (2006): Change in the Presence of Residual Fit: Can Competing Frames Coexist?, in: Organization Science, Jg. 17, Heft 1, S. 150-167.

Gilbert, D./Pelham, B./Krull, D. (1988): On Cognitive Busyness. When Person Perceivers Meet Persons Perceived, in: Journal Of Personality and Social Psychology, Jg. 54, Heft 5, S. 733–740.

Gonschorek, T./Petzold, C. (2014): Risiken managen, in: Haubold, A.-K./Gonschorek, T./Gestring, I./Sonntag, R./von der Weth, R. (Hrsg.): Managementkompetenzen im Mittelstand. Grundlegendes Wissen und Instrumente zur praktischen Umsetzung, Wiesbaden, S. 47–67.

Govindarajan, V./Trimble, C. (2004): Strategic Innovation and the Science of Learning, in: MIT Sloan Management Review, Jg. 45, Heft 2, S. 67–75.

Grant, R. M. (2003): Strategic Planning In A Turbulent Environment. Evidence From The Oil Majors, Jg. 24, Heft 6, S. 491–517.

Greve, H. R.: Exploration and exploitation in product innovation, in: Industrial and Corporate Change, Jg. 16, Heft 5, S. 945–975.

Hahn, D. (2006): Zweck und Entwicklung der Portfolio-Konzepte in der strategischen Unternehmensplanung, in: Hahn, D./Taylor, B. (Hrsg.): Strategische Unternehmensplanung - Strategische Unternehmensführung. Stand und Entwicklungstendenzen, Berlin, 9. Aufl., S. 229–248.

Hamel, G. (2009): Moon shots for Management, in: Harvard Business Review, Jg. 87, Heft 2, S. 91-98.

Horstmann, J. (2007): Operationalisierung der Unternehmensflexibilität - Entwicklung einer umwelt- und unternehmensbezogenen Flexibilitätsanalyse, Wiesbaden.

Horster, D. (2012): Luhmann und die nächste Gesellschaft, in: Tiberius, V. (Hrsg.): Zukunftsgenese – Theorien des zukünftigen Wandels, Wiesbaden, S. 107–127.

Hoskisson, R. E./Hitt, M. A./Wan, W. P./Yiu, D. (1999): Theory and research in strategic management: Swings of a pendulum, in: Journal of Managment, Jg. 25, Heft 3, S. 417–456.

Hough, J. R./White, M. A. (2003): Environmental Dynamism and Strategic Decision-Making Rationality. An Examination at the Decision Level, in: Strategic Management Journal, Jg. 24, Heft 5, S. 481-489.

Huber, G. P. (1991): Organizational Learning: The Contributing Processes And The Literatures, in: Organization Science, Jg. 2, Heft 1, S. 88–115.

Hutzschenreuter, T./Israel, S. (2009): A review of empirical research on dynamic competitive strategy, in: International Journal of Management Reviews, Jg. 11, Heft 4, S. 421–461.

Hutzschenreuter, T./Kleindienst, I. (2006): Strategy-Process Research. What Have We Learned and What Is Still to Be Explored, in: Journal Of Management, Jg. 32, Heft 5, S. 673–720.

Inkpen, A. C./Tsang, E. W. K. (2005): Social Capital, Networks, And Knowledge Transfer, in: Academy of Management Review, Jg. 30, Heft 1, S. 146–165.

Jenkins, M. (2014): Innovate or Imitate? The Role of Collective Beliefs in Competences in Competing Firms, in: Long Range Planning, Jg. 47, Heft 4, S. 173–185.

Johnson, G. (1992): Managing Strategic Change – Strategy, Culture and Action, in: Long Range Planning, Jg. 25, Heft 1, S. 28–36.

Kaplan, S. (2008): Framing Contests. Strategy Making Under Uncertainty, in: Organization Science, Jg. 19, Heft 5, S. 729–752.

Kim, W. C. (2002): Charting Your Company's Future, in: Harvard Business Review, Jg. 80, Heft 6, S. 76–83.

Kirsch, W. (1997): Strategisches Management: Die geplante Evolution von Unternehmen, München.

Koch, L. T./Grünhagen, M. (2010): Wandel als Chance – Innovationsimpulse und institutionelles Unternehmertum, in: Baumann, W./Braukmann, U./Mathhes, W. (Hrsg.): Innovation und Internationalisierung, Wiesbaden, S. 231–260.

Krystek, U. (2007): Strategische Früherkennung, in: Controlling & Management, Jg. 2007, Heft Sonderheft 2, S. 50-58.

Krystek, U./Müller-Stewens, G. (2006): Strategische Frühaufklärung, in: Hahn, D./Taylor, B. (Hrsg.): Strategische Unternehmensplanung - Strategische Unternehmensführung. Stand und Entwicklungstendenzen, 9. Aufl., Berlin, S. 175–193.

Lant, T. K./Milliken, F. J./Batra, B. (1992): The Role of Managerial Learning and Interpretation in Strategic Persistence an Reorientation. An Empirical Exploration, in: Strategic Management Journal, Jg. 13, Heft 8, S. 585–608.

Laureiro-Martínez, D./Brusoni, S./Canessa, N./Zollo, M. (2015): Understanding The Exploration-Exploitation Dilemma. An fMRI Study Of Attention Control And Decision-Making Performance, in: Strategic Management Journal, Jg. 36, Heft 3, S. 319–338.

Lavie, N. (2005): Distracted and confused?. Selective attention under load, in: Trends in Cognitive Sciences, Jg. 9, Heft 2, S. 75–82.

Leiponen, A./Helfat, C. E. (2010): Innovation Objectives, Knowledge Sources, And The Benefits Of Breadth, in: Strategic Management Journal, Jg. 31, Heft 2, S. 224–236.

Lewis, G. J. (2014): Strategiefindung unter Unsicherheit in KMUs, in: Haubold, A.-K./Gonschorek, T./Gestring, I./Sonntag, R./von der Weth, R. (Hrsg.): Managementkompetenzen im Mittelstand. Grundlegendes Wissen und Instrumente zur praktischen Umsetzung, Wiesbaden, S. 69–91.

Lichtenthaler, U./Lichtenthaler, E. (2009): A Capability-Based Framework for Open Innovation: Complementing Absorptive Capacity, in: Journal of Management Studies, Jg. 46, Heft 8, S. 1315–1338.

Liebl, F. (2002): The Anatomy of Complex Societal Problems and Ist Implications for OR, in: The Journal oft he Operational Research Society, Jg. 53, Heft 2, S. 161–184.

Loasby, B. J. (2002): The evolution of knowledge. beyond the biological model, in: Research Policy, Jg. 31, 8/9, S. 1227–1239.

Macharzina, K. (1984): Bedeutung und Notwendigkeit des Diskontinuitätenmanagements bei internationaler Unternehmenstätigkeit, in: Macharzina, K. (Hrsg.): Diskontinuitätenmanagement – Strategische Bewältigung von Strukturbrüchen bei internationaler Unternehmenstätigkeit, Berlin, S. 1-18.

Malhotra, N./Hinings, C. R. (2015): Unpacking Continuity and Change as a Process of Organizational Transformation, in: Long Range Planning, Jg. 48, Heft 1, S. 1-22.

March, J. G. (1991): Exploration And Exploitation In Organizational Learning, in: Organization Science, Jg. 2, Heft 1, S. 71–87.

Markides, C. C. (1999): A Dynamic View of Strategy, in: Sloan Management Review, Jg. 40, Heft 3, S. 55–63.

Martin, R. L. (2014): The Big Lie Of Strategic Planning, in: Havard Business Review, Jg. 92, Heft 1/2, S. 78-84.

Meyer-Schönherr, M. (1992): Szenario-Technik als Instrument der strategischen Planung, Ludwigsburg/Berlin.

Mintzberg, H. (1994): Rethinking Strategic Planning Part I: Pitfalls and Fallacies, in: Long Range Planning, Jg. 27, Heft 3, S. 12–21.

Mintzberg, H. (1994): The Fall and Rise of Strategic Planning, in: Harvard Business Review, Jg. 72, Heft 1, S. 107–114.

Mintzberg, H./Ahlstrand, B./Lampel, J. (2009): Strategy Safari. Your Complete Guide Through The Wilds Of Strategic Management, Pearson Education, 2. Aufl., Harlow, 1998.

Mintzberg, H./Raisinghani, D./Théorêt, A. (1976): The Structure of „Unstructured" Decision Processes, in: Administrative Science Quarterly, Jg. 21, Heft 2, S. 246–275.

Mintzberg, H./Westley, F. (1992): Cycles Of Organizational Change, in: Strategic Management Journal, Jg. 13, Heft Special Issue Winter, S. 39-59.

Mintzberg, H./Westley, F. (2001): Decision Making. It's Not What You Think, in: MIT Sloan Management Review, Jg. 42, Heft 3, S. 89–93.

Mitchell, J. R./Shepherd, D. A./Sharfman, M. P. (2011): Erratic Strategic Decisions. When And Why Managers Are Inconsistent in Strategic Decision Making, in: Strategic Management Journal, Jg. 32, Heft 7, S. 683–704.

Mudambi, R./Swift, T. (2014): Knowing When To Leap. Transitioning Between Exploitative And Explorative R&D, in: Strategic Management Journal, Jg. 35, Heft 1, S. 126–145.

Nick, A. (2008): Wirksamkeit strategischer Frühaufklärung. Eine empirische Untersuchung, Wiesbaden.

O'Reilly, C. A./Harreld, J. B./Tushman, M. L. (2009): Organizational Ambidexterity. IBM And Emerging Business Opportunities, in: California Management Review, Jg. 51, Heft 4, S. 75–99.

Phelps, R./Chan, C./Kapsalis, S. C. (2001): Does scenario planning affect performance? Two exploratory studies, in: Journal of Business Research, Jg. 51, Heft 3, S. 223–232.

Poguntke, S. (2014): Corporate Think Tanks – Zukunftsgerichtete Denkfabriken, Innovation Labs, Kreativforen & Co., Wiesbaden.
Porter, M. (2008): The Five Competitive Forces That Shape Strategy, in: Harvard Business Review, Jg. 86, Heft 1, S. 78-93.

Prahalad, C. K./Hamel, G. (1990): The Core Competence of the Corporation, in: Harvard Business Review, Jg. 68, Heft 3, S. 79–91.

Probst, G./Wiedemann, C. (2013): Strategie-Leitfaden für die Praxis, 2. Aufl., Wiesbaden.

Raisch, S./Birkinshaw, J./Probst, G./Tushman, M. L. (2009): Organizational Ambidexterity. Balancing Exploitation and Exploration for Sustained Performance, in: Organization Science, Jg. 20, Heft 4, S. 685–695.

Rasche, C. (2002): Multifokales Management. Strategien und Unternehmenskonzepte für den pluralistischen Wettbewerb, Wiesbaden.

Reeves, M./Deimler, M. (2011): Adaptability. The New Competitive Advantage, in: Harvard Business Review, Jg. 89, Heft 5, S. 134-141.

Rohrbeck, R. (2011): Corporate Foresight – Towards a Maturity Model for the Future Orientation of a Firm, Berlin/Heidelberg.

Rühli, E. (2002): Strategie ist tot: Es lebe das Neue Strategische Management, in: Hinterhuber, H. H./Friedrich, S. A./Al-Ani, A./Handlbauer, G. (Hrsg.): Das Neue Strategische Management. Perspektiven und Elemente einer zeitgemäßen Unternehmensführung, 2. Aufl., Wiesbaden, S. 73–90.

Schilke, O. (2014): Second-order Dynamic Capabilites. How Do They Matter?, in: The Academy of Management Perspectives, Jg. 28, Heft 4, S. 368–380.

Schilling, M. A./Fang, C. (2014): When Hubs Forget, Lie, And Play Favorites. Interpersonal Network Structure, Information Distortion, And Organizational Learning, in: Strategic Management Journal, Jg. 35, Heft 7, S. 974–994.

Schulenburg, N. (2008): Entstehung von Unternehmenskrisen. Eine evolutionstheoretische Erklärung, Wiesbaden.

Seidl, D. (2007): General Strategy Concepts and the Ecology of Strategy Discourses. A Systematic-Discursive Perspective, in: Organization Studies, Jg. 28, Heft 2, S. 197–218.

Seidl, D./Werle, F. (2011): Strategisches Management und die Offenheit der Zukunft, in: Tiberius, V. (Hrsg.): Zukunftsorientierung in der Betriebswirtschaftslehre, Wiesbaden, S. 287–299.

Simon, H. A. (1993): Strategy and Organizational Evolution, in: Strategic Management Journal, Jg. 14, Heft Special Issue Winter, S. 131–142.

Slaughter, R. A. (1998): Futures Studies As An Intellectual And Applied Discipline, in: American Behavioral Scientist, Jg. 42, Heft 3, S. 372-385.

Smith, W. K./Tushman, M. L. (2005): Managing Strategic Contradictions. A Top Management Model for Managing Innovation Streams, in: Organization Science, Jg. 16, Heft 5, S. 522–536.

Stickel, E. (2001): Uncertainty reduction in a competitive environment, in: Journal of Business Research, Jg. 51, Heft 3, S. 169–177.

Teece, D. J./Pisano, G./Shuen, A. (1997): Dynamic Capabilities And Strategic Management, in: Strategic Management Journal, Jg. 18, Heft 7, S. 509-533.

Tiberius, V. (2011): Grundzüge der Zukunftsforschung, in: Tiberius, V. (Hrsg.): Zukunftsorientierung in der Betriebswirtschaftslehre, Wiesbaden, S. 11–87.

Tiberius, V./Rasche, C. (2011): Management in unsicheren Zukünften – Einordnung, Kritik und Ausblick, in: Tiberius, V. (Hrsg.): Zukunftsorientierung in der Betriebswirtschaftslehre, Wiesbaden, S. 303–316.

Tripsas, M./Gavetti, G. (2000): Capabilities, Cognition, and Inertia. Evidence from Digital Imaging, in: Strategic Management Journal, Jg. 21, Heft 10/11, S. 1147–1161.

Tushman, M. L./O'Reilly, Ch. A. (1996): Ambidextrous Organizations. Managing Evolutionary And Revolutionary Change, in: California Management Review, Jg. 38, Heft 4, S. 8–30.

Tushman, M./Smith, W. K./Wood, R. C./Westerman, G./O'Reilly, C. (2010): Organizational designs and innovation streams, in: Industrial and Corporate Change, Jg. 19, Heft 5, S. 1331–1366.

Venkatraman, N./Prescott, J. E. (1990): Environment-Strategy Coalignment. An Empirical Test Of Its Performance Implications, in: Strategic Management Journal, Jg. 11, Heft 1, S. 1-23.

Welge, M. K./Al-Laham, A. (2012): Strategisches Management – Grundlagen, Prozess, Implementierung, 6. Aufl., Wiesbaden.

Wessel, M./Christensen, C. M. (2012): Surviving Disruption, in: Havard Business Review, Jg. 90, Heft 12, S. 56-65.

Zahn, E. (1984): Diskontinuitätentheorie – Stand der Entwicklung und betriebswirtschaftlichen Anwendungen, in: Macharzina, K. (Hrsg.): Diskontinuitätenmanagement – Strategische Bewältigung von Strukturbrüchen bei internationaler Unternehmenstätigkeit, Berlin, S. 19-75.

Zollo, M./Winter, S. G. (2002): Deliberate Learning and the Evolution of Dynamic Capabilities, in: Organization Sciene, Jg. 13, Heft 3, S. 339–351.